JN243461

イラストでときめく片づけの魔法

konmari
近藤麻理恵

サンマーク出版

人は心から求めないかぎり、
自分の人生を変えることはできないのです。

はじめに

「こんまりさんが片づけレッスンの現場で指導している、具体的な片づけノウハウが、イラストを使ってわかりやすく説明された本って、ないんですか?」

いったい何度、この質問を受けたことでしょう。

そのたびに、「そんなの、必要ないですよ。片づけはマインドが九割ですから」と答えてきたものでした。

なぜなら、ノウハウだけをてっとり早く覚えてしまっても、マインドが根底から変わらないかぎり、結局はリバウンドしてしまうことがわかっているからです。

そもそも、私がこれまで片づけコンサルタントとしてお伝えしてきたのは、たんなる片づけの方法ではなく、根本的に片づけられる人になるための方法です。

片づけられる人になるためには、ある意味、ショック療法といいますか、多少の荒療治が不可欠である、というのが私の考えです。

ただ、実際に「片づけ祭り」に突入し、「まずは『捨てる』を終わらせる」を完了したあとは、とくに収納についての細かなノウハウについて知りたくなることも事実。そういう意味では、イラストで解説する本は、「片づけ祭り」真っ最中の人にとっては、これ以上便利な本はないと思います。

ところが、「片づけを絶対に終わらせる」と決意していない人が手にとると、まったくの逆効果になる恐れがあるのです。

ある意味、この本を世に出すことは、「禁断の書」を公開するに等しいといえます。

率直におたずねします。

「一生に一度の『片づけ祭り』を最後までやり抜く決意はありますか？」

はい、と答えた方は、ぜひ本書をお読みになってください。すでに「片づけ祭り」を終えた方にとっても、おうちをときめかせるヒントが満載のこの本は、おおいに力になってくれるはずです。

いいえ、と答えた方には、まず、私が最初に書いた本、『人生がときめく片づけの魔法』を読んでほしいと思います。その本はもう読んだよ、という方は、もう一度再読したうえで本書を読んでください。おそらく、ちょっとしたことが引っかかって、片づけをまだやり終えていないのでしょう。

本書は、片づけを終える決意のできた人にとっては、まるでかゆいところに手が届くかのように、役に立つはずです。なぜなら、こんまり流片づけノウハウの集大成だから。ぜひ最初のページからお読みください。

ひと通り、片づけることができたけれど、もっとこまごまとしたことが知りたいという方は、「人生がときめく片づけの魔法事典」のようなつもりで使っていただけるとよいかと思います。片づけの進み具合に応じて、必要なときに必要なページをパラパラ見て、その都度、細かいノウハウを確認するというふうにお使いください。

さて、心の準備はできましたでしょうか。

「片づけの神様」はいつだって決意した人を応援してくれることを、どうか忘れないでくださいね。

イラストでときめく片づけの魔法　目次

はじめに……003
プロローグ　**ときめくおうち**……017
ときめく玄関……018
ときめくリビング……020
ときめくキッチン……022
ときめく仕事部屋……024
ときめく寝室……026
ときめくバスルーム……028
ときめくトイレ……030

第一章　こんまり流片づけの「六つの原則」

1　片づけることを決意する……034
2　理想の暮らしを考える……036
3　まずは「捨てる」を終わらせる……038
4　「場所別」ではなく、「モノ別」に片づける……040
5　正しい順番で片づける……042
6　ときめくかどうか、自分にたずねる……044
column　「引っ越してから片づけよう」はNG……046

第二章　衣類はこうして片づける

7　トップスを片づける……050
★Tシャツのたたみ方　★長袖のたたみ方
★キャミソールのたたみ方　★パーカーのたたみ方

8 ボトムスを片づける……056
★スカートのたたみ方　★パンツのたたみ方　★ショートパンツのたたみ方
9 ワンピースを片づける……060
★ワンピースのたたみ方
10 かけるモノを片づける……062
11 靴下とストッキングを片づける……064
★ストッキングのたたみ方　★靴下のたたみ方
12 下着類を片づける……066
★ブラジャーのたたみ方　★ショーツのたたみ方
13 下着をVIP収納する……068
14 タンスの引き出し収納のコツ……070
15 クロゼット収納のコツ……072
16 押し入れ収納のコツ……074
17 バッグを片づける……076
18 衣類のパーツ小物系を片づける……078
19 イベント系の衣類を片づける……079

20 靴の片づけと収納法……080
21 旅行・出張時の荷造りのコツ……082
column 家族の衣類はどうする？……084

第三章 本類はこうして片づける

22 「本だけは捨てられない」という人に贈る言葉……088
23 本を一冊残らず床に積み上げる……090
24 マンガ本を一気に片づけるコツ……092
25 ビジュアル系書籍や雑誌を片づけるコツ……094
26 本を美しく収納するコツ……096
column 本棚に残した本にふさわしい自分になる……098

第四章 書類はこうして片づける

27 書類は「全捨てが基本」である……102

28 書類の未処理ボックスをつくる……104
29 セミナー資料を片づける……106
30 カードの明細書を片づける……107
31 電化製品の保証書を片づける……108
32 電化製品の取扱説明書を片づける……110
33 年賀状を片づける……111
34 雑誌や新聞の切り抜きを保存するコツ……112
35 未処理に片をつける日をつくる……114
column 会社の書類はどう片づける？……116

第五章 小物類はこうして片づける

36 無数の小物を片づけるコツ……120
37 CD・DVD類を片づける……122
38 道具系の文房具の片づけと収納のコツ……124
39 紙系の文房具の片づけと収納のコツ……126

40 手紙系の文房具の片づけと収納のコツ……128
41 「電気っぽいモノ」を片づける……130
42 コード類を片づける……132
43 メモリーカードや乾電池を片づける……134
44 アクセサリーをVIPに収納する……136
45 ヘアアクセサリー活用術……138
46 ネクタイを片づける……139
47 メイクアップ用品を収納するコツ……140
48 スキンケア用品の片づけと収納のコツ……142
49 貴重品類を収納するコツ……144
50 「毎日持ち歩くモノ置き場」をつくる……146
51 お財布を「VIP扱い」で収納する……148
52 お守り類を「マイ神棚」に飾る……150
53 薬類を片づける……152
54 裁縫道具を片づける……153
55 癒し系グッズを片づける……154

56 工具類を片づける……155
57 冠婚葬祭用品を片づける……156
58 習い事系小物を片づける……157
59 コレクショングッズを片づける……158
60 「なんとなく小物」を片づける……160
61 リネン類を片づける……162
62 タオルを片づける……163
63 ふとん類を片づける……164
64 ぬいぐるみを手放すコツ……165
65 紙袋とレジ袋を片づける……166
66 レジャー用品を片づける……168
67 季節用品を片づける……169
68 防災グッズを片づける……170
69 傘を片づける……171
70 キッチン小物は三つに分けて考える……172
71 調理用具類の片づけと収納のコツ……174

72 調理家電を片づける……176
73 料理をしながら片づけるコツ……177
74 食器を上手に収納するコツ……178
75 カトラリー類を「VIP扱い」で収納する……180
76 食卓を彩る小物たちを片づける……182
77 タッパーや空きビンなどの保存容器を片づける……184
78 小さなキッチン小物たち……186
79 お弁当グッズを片づける……187
80 製菓グッズを片づける……188
81 使いきり系を片づける……189
82 食料品を処分する……190
83 食料品を収納する……192
84 余った食材を活用する……194
85 飲料品を片づける……196
86 冷蔵庫の中を片づける……197
87 キッチンで使用する消耗品類を収納するコツ……198

88 キッチン用の洗浄用品を収納するコツ……200
89 キッチン収納を工夫する……202
90 キッチンをかわいく飾りつける……204
91 食事タイムをときめかせる……206
92 洗濯用品を片づける……208
93 掃除用品を片づける……209
94 洗面所の収納を考える……210
95 洗面所をときめく空間に変える……212
96 シャンプーなどのストック品を片づける……214
97 同じカテゴリーを集める……216
98 連想ゲームをする……217
99 備えつけ収納を活用する……218
column 下着を洗面所に収納してはいけない……219
100 収納にときめきをプラスする四つのポイント……220
★置く ★かける ★貼る ★包む
column ときめかないエッセンスをなくす……226

第六章 **思い出品はこうして片づける**

101 思い出品を片づけて、過去に片をつける……230
102 学校の思い出を片づける……232
103 恋人の思い出を片づける……233
104 思い出の録画を片づける……234
105 子どもの作品を片づける……235
106 人生の記録を片づける……236
107 手紙を片づける……237
108 「片づけ祭り」の総仕上げに、写真を片づける……238

エピローグ **人生の次の準備**……241

おわりに……249

装丁・本文デザイン　轡田昭彦＋坪井朋子
イラスト　井上まさこ
出版協力　株式会社オウケイウェイヴ
編集協力　乙部美帆
編集　高橋朋宏、桑島暁子（サンマーク出版）

プロローグ
ときめくおうち

ときめく玄関

靴の裏を拭き、三和土（たたき）をピカピカに磨く。
なぜなら、玄関はおうちの顔だから。

「玄関はシンプルに飾る」が基本です。
玄関は、おうちの中で一番神聖な場所なのです。

理想の玄関

「ただいま」と
声をかけたくなってしまう玄関♪
お気に入りの
花や絵
ほんのり
香るアロマ
人数分の
靴が並ぶ
ときめく玄関マット
季節ごとの
飾りつけ
三和土は
つねにピカピカ

ときめくリビング

家族が楽しく、にぎやかに会話ができる空間。
それがリビングの役割です。
家族の生活の中心スポットであることを
意識してください。

理想のリビング
テレビの横には
家族の写真が
飾ってあるコーナー
お気に入りの
音楽が流れる
リモコンや雑誌、新聞の
定位置が決まっている
水をあげるたびに
「今日も元気だね」
と声をかける
ときめく
ソファと
テーブル
「家族が楽しく
会話できる空間」
にする♪

ときめくキッチン

キッチンは清潔さが命。
水滴と油は天敵です。

だから、拭きやすさを最優先に考えて、
水まわりやガスまわりには、
何も置かないのがベストです。

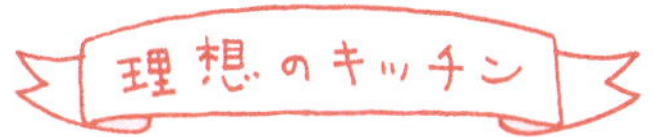
理想のキッチン

キッチンにも飾りを
「お料理する」のが
楽しくなるのが一番♪
水まわりやガスまわりには何も置かない
フライパンや
お鍋の数は
最小限に
ツール類
は一か所に
食材も
立てて
収納

ときめく仕事部屋

余計な書類を「全捨て」するだけで、
頭がクリアになります。

ただ、仕事部屋だからこそ、
実用一辺倒ではなく、遊び心も大切です。

理想の仕事部屋
実用一辺倒ではなく
遊び心も大切
仕事用の
本と書類が
自分のルールで
ぴしっと並ぶ
1 2 3 4 5 6 7 8
机の上には小さな観葉植物
デスクの上は
いつでもスッキリ

ときめく寝室

シーツと枕カバーを毎日替える。
一見大変そうな、この習慣が
人生を変えていきます。

寝室が一日の疲れを癒す
エネルギーの充電基地となりますように。

理想の寝室

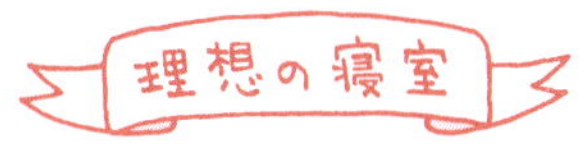

一日の疲れを癒す
エネルギーの充電基地

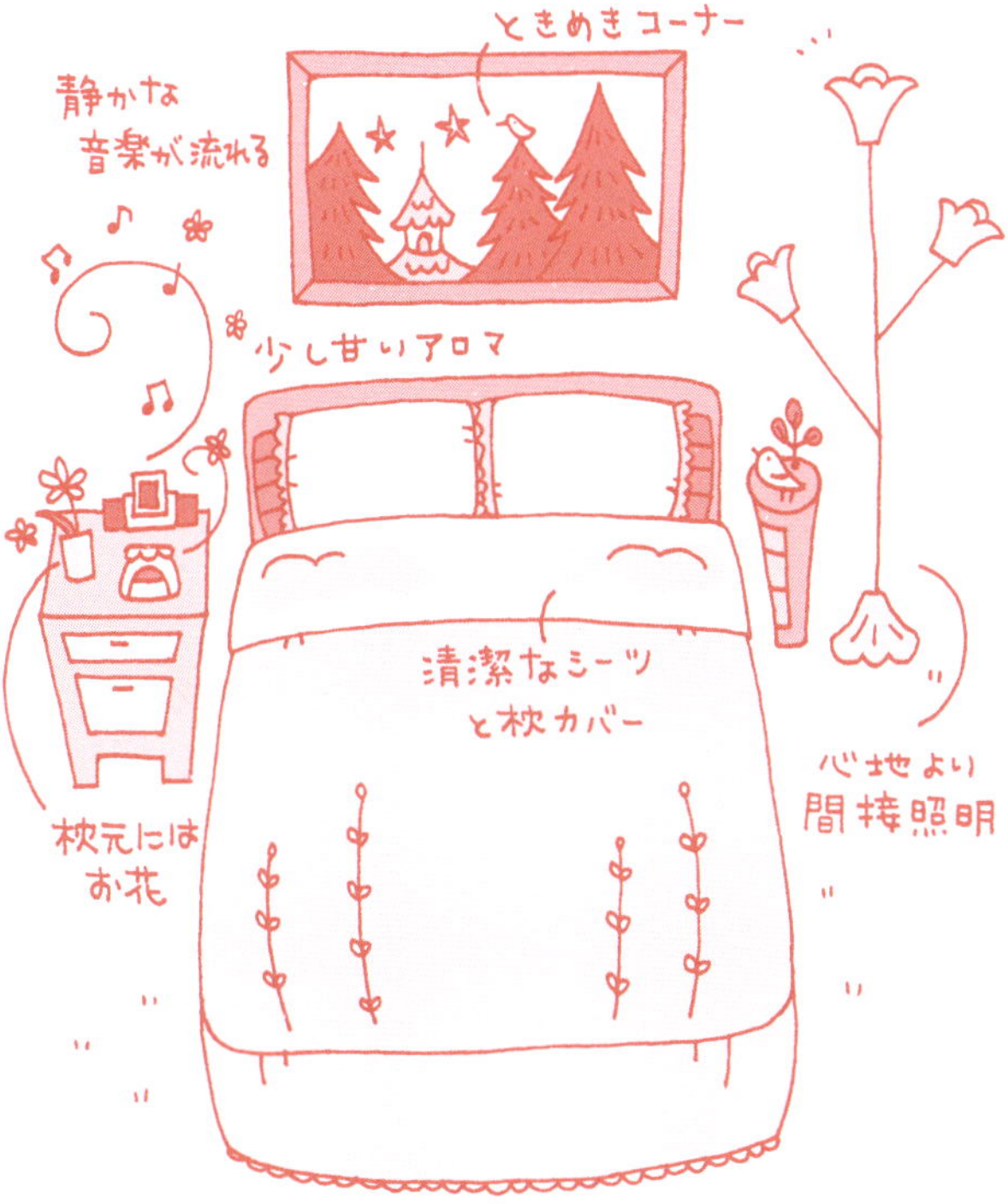

ときめきコーナー
静かな
音楽が流れる
少し甘いアロマ
清潔なシーツ
と枕カバー
心地より
間接照明
枕元には
お花

ときめくバスルーム

世界に誇る日本のお風呂ライフを
満喫したいと思いませんか？

バスルームには一切モノを置かない。
たったそれだけで、
ときめくバスルームが完成します。

理想のバスルーム
キャンドルの
明かりだけで
入浴してみたり
お風呂に
入っている
とき以外は
モノを置かない
その日の
気分で入浴剤を
入れたりお花を持ち込んだり
ピカピカに
掃除されている

ときめくトイレ

トイレはいわば、おうちの毒素排出ルーム。
エネルギーが滞らないことが大切です。

ごちゃごちゃとモノは置かず、
飾りつけをアレンジして楽しんでください。

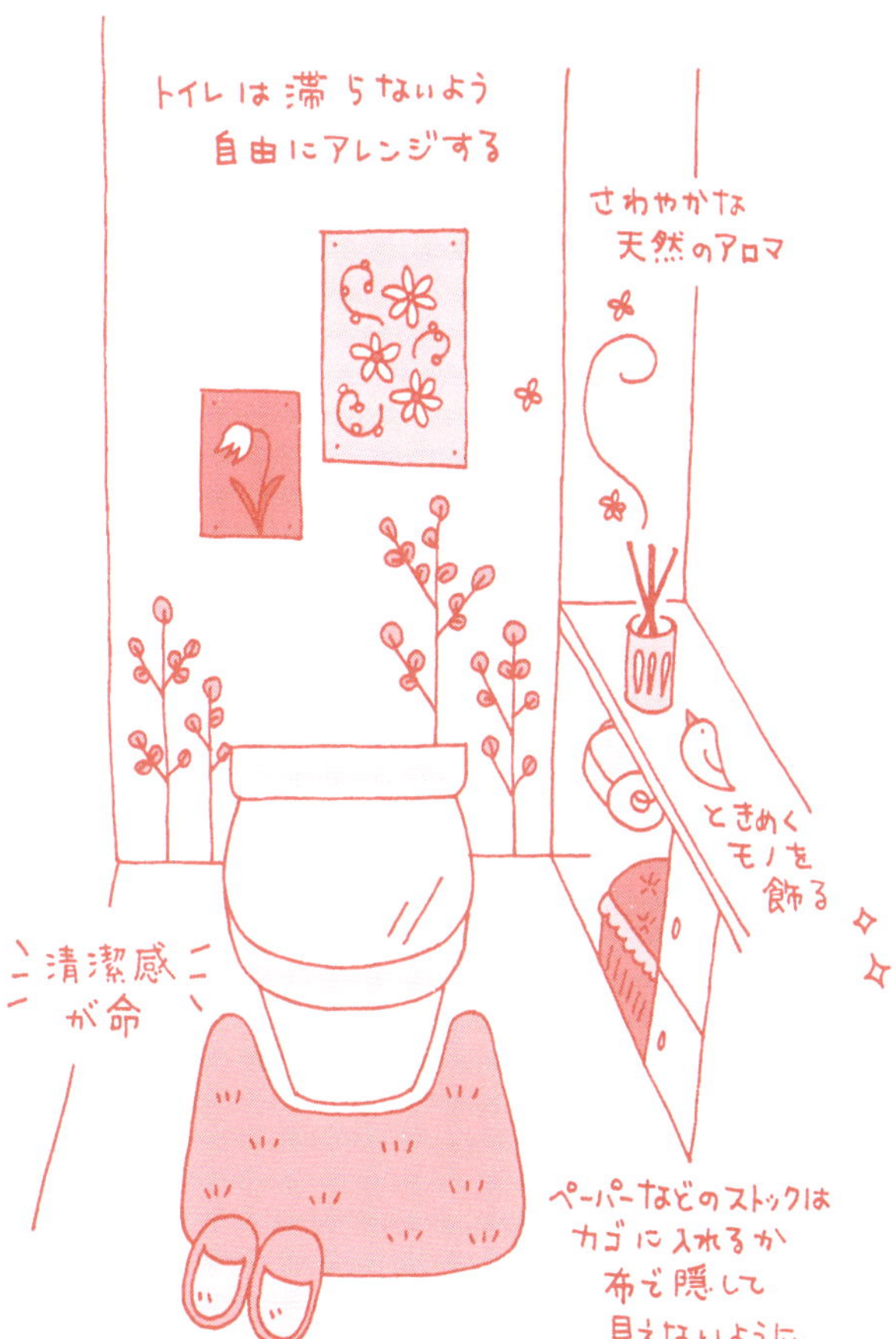
理想のトイレ
トイレは滞らないよう
自由にアレンジする
さわやかな
天然のアロマ
ときめく
モノを
飾る
清潔感
が命
ペーパーなどのストックは
カゴに入れるか
布で隠して
見えないように

「何でもかんでも捨てる」のではなく、
「ときめくモノをきちんと残す」ことができて初めて、
理想の暮らしを手に入れることができるのです。

第一章

こんまり流片づけの「六つの原則」

1 片づけることを決意する

まず、最初におたずねします。心の準備はできていますか？

「えっ、片づけで心の準備？」

そう思った人は、要注意です。

というのも、「片づけはマインドが九割」だから。ノウハウももちろん大切ですが、ノウハウを学ぶだけだと、リバウンドしてしまう可能性も高いのです。

これからあなたが始める片づけは、たんに「お部屋をスッキリ」させたり、「人が来たときだけ、とりあえずきれいに見せる」ための片づけではありません。

あなたの人生を変える、「人生をときめかせる」ための片づけなのです。

この片づけ法を実践すると、いくつかの変化があなたの人生に起きます。

まず、一度片づけたら二度とリバウンドは起きません。

そして、自分の価値観がはっきりし、やりたいことが明確になっていきます。

モノを大切にできるようになり、毎日が満たされた感覚に包まれていきます。

片づけ成功のコツは、「一気に短期に完璧に片づけを終わらせる」ことです。

本当の意味で完璧に片づいたおうちの状態を経験すると、「二度と散らかった状態に戻りたくない」と心の底から思い、その思いの強さから片づいた状態をキープできるようになるのです。

時間も体力も必要な、ちょっとハードな片づけ法かもしれません。それでも、「人生で一度くらい、本気で片づけをしてみようかな」と思ったあなたは、この先のページに進んでください。そして、「自分は絶対、片づけられる人になれる」。まずは強くそう信じてください。

片づけを絶対やり遂げると決意していれば、あとは正しい片づけ法に沿って片づけるだけ。

誰だって片づけられるようになれるのです。

「でも、私、片づけてもすぐに散らかってしまうんです」

だいじょうぶ、私がしっかり指導していきますから！

★ **片づけはマインドが九割である。**

2

理想の暮らしを考える

片づけることを決意したあなたに、課題を出します。

それは、「どんなおうちで、どんな暮らしをしたいのか、理想の暮らしを考える」ことです。絵が上手な人は絵をかいてもいいいし、ノートに文章を書いてもいいでしょう。インテリア雑誌から、こんな部屋で暮らしたいという、お気に入りの写真を切り取ってみるのもおすすめです。

えっ、そんなことより、早く片づけに着手したいですか？

じつはそれこそが、片づけがリバウンドする大きな原因なのです。理想の暮らしを考えることで、自分はなぜ片づけをしたいのかとか、片づけを終えたあと、どんな人生を送りたいのかとか、そういうことを考えるようになります。

片づけはそれだけ、人生にとって、とてつもなく大きな節目になる行為なのです。自分が本当に求めている理想の暮らしについて、まずは真剣に考えてみましょう。

★ いきなり片づけを始めてはいけない。

3

まずは「捨てる」を終わらせる

いつまでたっても片づけができない人の特徴の一つが、モノを捨てないで、無理やり詰め込んで収納してしまおうとすること。

収納グッズにモノを収めれば、たしかに一見スッキリします。でも、中身がいらないモノだらけなら、結局はモノが管理できずにリバウンドしてしまうのです。

片づけ成功の鉄則は、まずは「捨てる」を終わらせること。

残すモノと捨てるモノの見極めを終わらせて、残すモノの総量がわかってから、収納場所を考えたり、収納家具をそろえたりすることを検討すればよいのです。

モノを見極めている最中に「どこに収納したらいいんだろう」とか「本当に収納しきれるのかな……」と心配して、手が止まってしまうのが一番もったいない。

片づけの最中は「すべての収納は仮置き」くらいの気軽さで、どんどん次のモノを見極めていくことに集中するのが、結局は片づけが早く完了するための秘訣(ひけつ)です。

★「捨てる」前に収納を考えてはいけない。

4 「場所別」ではなく、「モノ別」に片づける

多くの人がやってしまいがちな間違いの一つが、「場所別・部屋別」に片づけてしまうこと。リバウンドする人の多くは、場所別に片づけようとするのです。

なぜ、「場所別・部屋別」がダメかというと、その部屋にあったモノをほかの部屋に移動するだけだったり、同じようなモノがほかの部屋にも置いてあったりして、結局自分がどれだけのモノを持っているか把握できないから。

リバウンドしないための正しい片づけ法は、「モノ別」に片づけることです。

つまり、同じカテゴリーのモノを一気に片づけをしていくこと。たとえばお洋服を片づけるなら、おうちにあるすべての洋服を一か所に集めていきます。すると、「こんなに持っていたのか……」と現状を冷静に見つめることができるのです。そして、その洋服の山を見て、自分がいかにモノを大切にしてこなかったか、否応なく気づかされるでしょう。自分が持っているモノ別の総量を把握することが大事なのです。

★「場所別・部屋別」に片づけるとリバウンドする。

5 正しい順番で片づける

正しい片づけの順番というものがあります。「モノ別」に、衣類、本類、書類、小物類、最後に思い出品という順番を守ることが決定的に大事なのです。この順番でやれば片づけがさくさくと進むし、見た目もどんどんスッキリしていきます。

ところが、この順番を間違えると、なかなか片づけが進まなかったり、片づけることができたと思ってもリバウンドしてしまったり……。そうなんです、片づけで大事なのは、じつは片づける順番だったのです。

よくある間違いは、片づけている途中に昔の写真を発見して、ついつい思い出にひたってしまうパターン。そんな経験、ありませんか?

では、なぜこの順番が大事かというと、自分の「ときめき感度」を上げていくためです。衣類は、この「ときめき感度」を上げる練習にちょうどよくて、写真のような思い出品はときめきの感覚がわからないうちは手をつけてはいけない代物なのです。

★ **片づけ方の順番を間違えるとリバウンドする。**

6

ときめくかどうか、自分にたずねる

捨てるモノと残すモノを見極める基準は「ときめくかどうか」です。判断するときのポイントは、必ず触ること。それも、しっかり両手で一つひとつのモノと対話するように触れることが鉄則です。

モノを触ったときの、自分の身体の反応を感じてみてください。

ときめくモノを触ったとき、体は「キュン！」となります。全身の細胞が少しずつ上に上がるような感じです。逆に、ときめかないモノを触ったとき、体は「ズン」と、重くなったような感覚を覚えます。ここで大事なのは、「捨てるモノを選ぶ」のではなく、「残すモノを選ぶ」ということです。ときめくモノだけ残しましょう。

そして、ときめかないモノを捨てるときは必ず「ありがとう」をいってからお別れをするのを忘れないでください。ご縁があっておうちに来てくれたモノたちに感謝の気持ちをこめて手放すことで、モノを大事にする心が芽生えていきます。

★ **捨てるモノには「ありがとう」といってお別れする。**

「引っ越してから片づけよう」はNG

「引っ越し前と引っ越し後、片づけるならいつがいいですか？」と聞かれたら、迷わず私は、「引っ越し前」と答えます。とくに、まだ引っ越し先のおうちが決まっていないのなら、絶対に今、片づけを終わらせてしまうのがおすすめです。

なぜなら、新しいおうちのご縁は、今のおうちが連れてきてくれるからです。

私は、すべてのおうちはネットワークでつながっていると考えています。おうちをきちんと片づけていると、「この人は大事に使ってくれますよ」と、今のおうちが発信をしてくれて、次のおうちを引き寄せる……。そんなイメージです。

実際、「片づけをしたら理想の物件に巡り合いました」という声は非常に多く、おうちとの出合いに不思議なご縁を感じてしまうような話はあとを絶ちません。

だから、素敵なおうちに引っ越したいと思ったら、まずは今住んでいるおうちを大切にすること。引っ越し前の片づけ効果は、はっきりいって抜群です。

自分という人間は何にときめき、
何にときめかないのか？
大げさにいえば、この世に生を受けた自分という人間が
「何にときめくのか」という視点は、
自分が何者かを知る大きな手がかりでもあるのです。

部屋が自然に散らかることはありません。
住んでいる自分が部屋を散らかしているのです。

第二章

衣類はこうして片づける

7 トップスを片づける

「片づけ祭り」は、衣類の片づけから始まります。

家じゅうのすべての収納から、一つ残らずあなたの衣類を集めて一か所に積み上げてください。夏服も冬服も上はスーツやコートといったトップス類から下は靴下やストッキングに至るまで、ありとあらゆる種類の衣服を集めてきます。ここはあまり時間をかけず、チャカチャカとロボットのように機敏に動いて集めるのがポイントです。

集め終わったと思ったら、ここで再確認。

あなたの衣類は、これで本当に全部ですか？

ご家族の引き出しや、押し入れの天袋にちょこっとだけ残っていたりしませんか？

「ここで集めきれなかった洋服は全捨て」くらいの覚悟が必要です。ただ、洗濯中の服や干している服はセーフと考えます。

洋服の山ができたら、さっそくときめきチェック。一つひとつ手にとって、ときめくモノを選んでいきますが、おすすめなのはまずはトップスから選んでいくこと。心臓に近いアイテムのほうがときめくかどうかの判断がつきやすいからです。

さらにおすすめなのは、オフシーズンのトップスから選ぶこと。手にとって、「次の季節にぜひ、会いたいか」と質問してみてください。もっというと、「今日、急に気温が変わったら今すぐ着たいと思えるか」と言い換えてもいいですね。「ぜひ会いたいか、といわれればそうでもないな」。そう思ったら、「活躍してくれてありがとう」といって、その服とはお別れしてください。

もちろん、「着ているとあったかいから好き」など、自分を幸せにしてくれるモノに対しては「ときめくモノ」として判断して、堂々と残してあげるのもオーケーです。「ときめかないモノ」は、感謝の気持ちをこめてゴミ袋に入れ、住む地域が規定する方法で捨てるほか、寄付したり、リサイクルショップに持っていったり、お好みの方法で処分してください。

オフシーズンのトップスで自分のときめきの判断基準がだんだんわかってきたら、同じ調子でオンシーズンのトップスも片づけていきます。

★一つ残らず、一か所に集める。

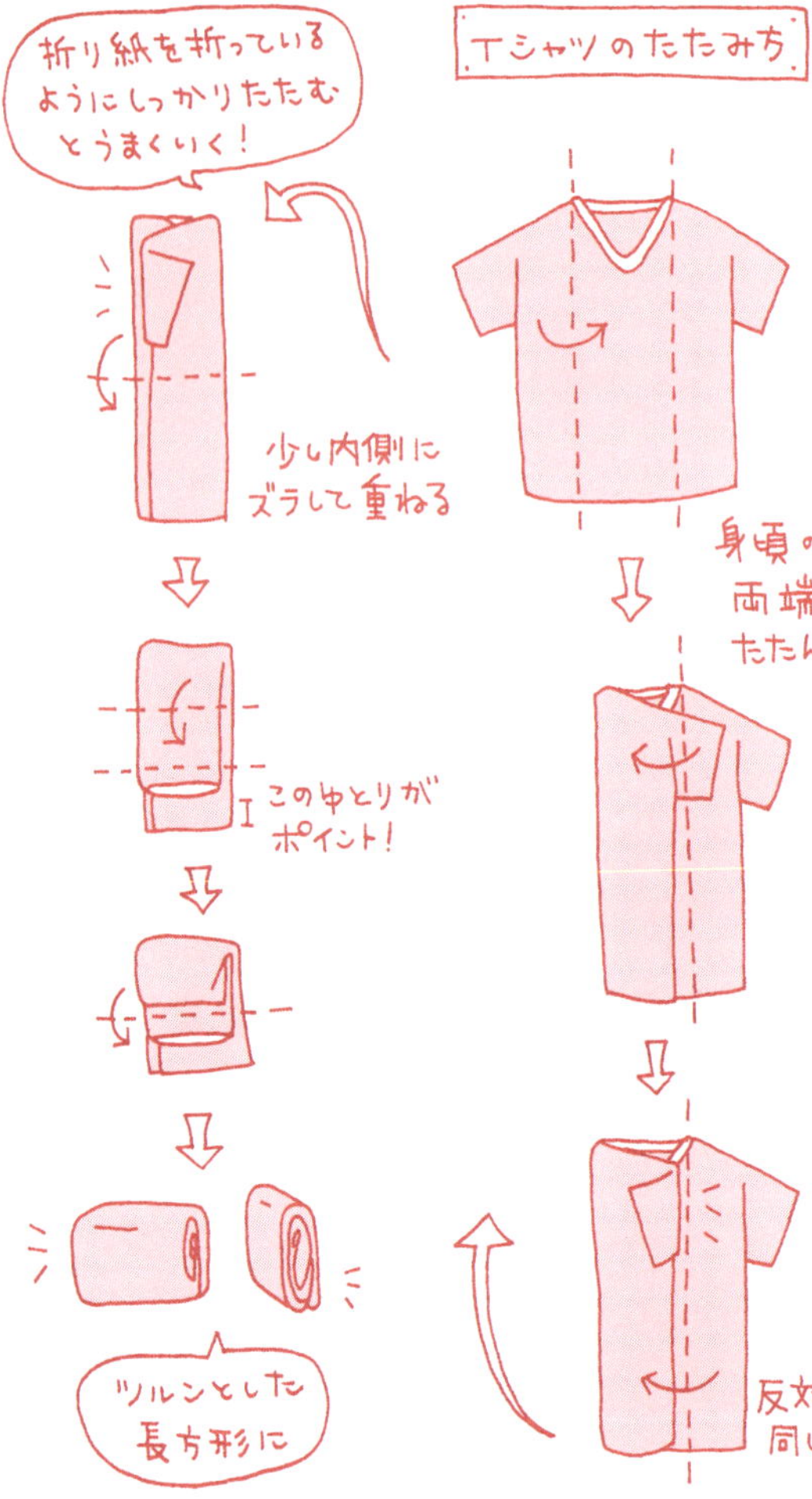

Tシャツのたたみ方

身頃の両端をたたんでいく

反対側も同じように

少し内側にズラして重ねる

折り紙を折っているようにしっかりたたむとうまくいく！

このゆとりがポイント！

ツルンとした長方形に

長袖のたたみ方

身頃の
両端を
たたんでいく

たたむ長方形の
幅に合わせて
袖をたたむ

袖は身頃の
幅いっぱいまで
持ってきて
たたむのが
ポイント！

反対側も
同じように

少し内側に
ズラして重ねる

あとは
高さに合わせて
三つ折りに

自立！

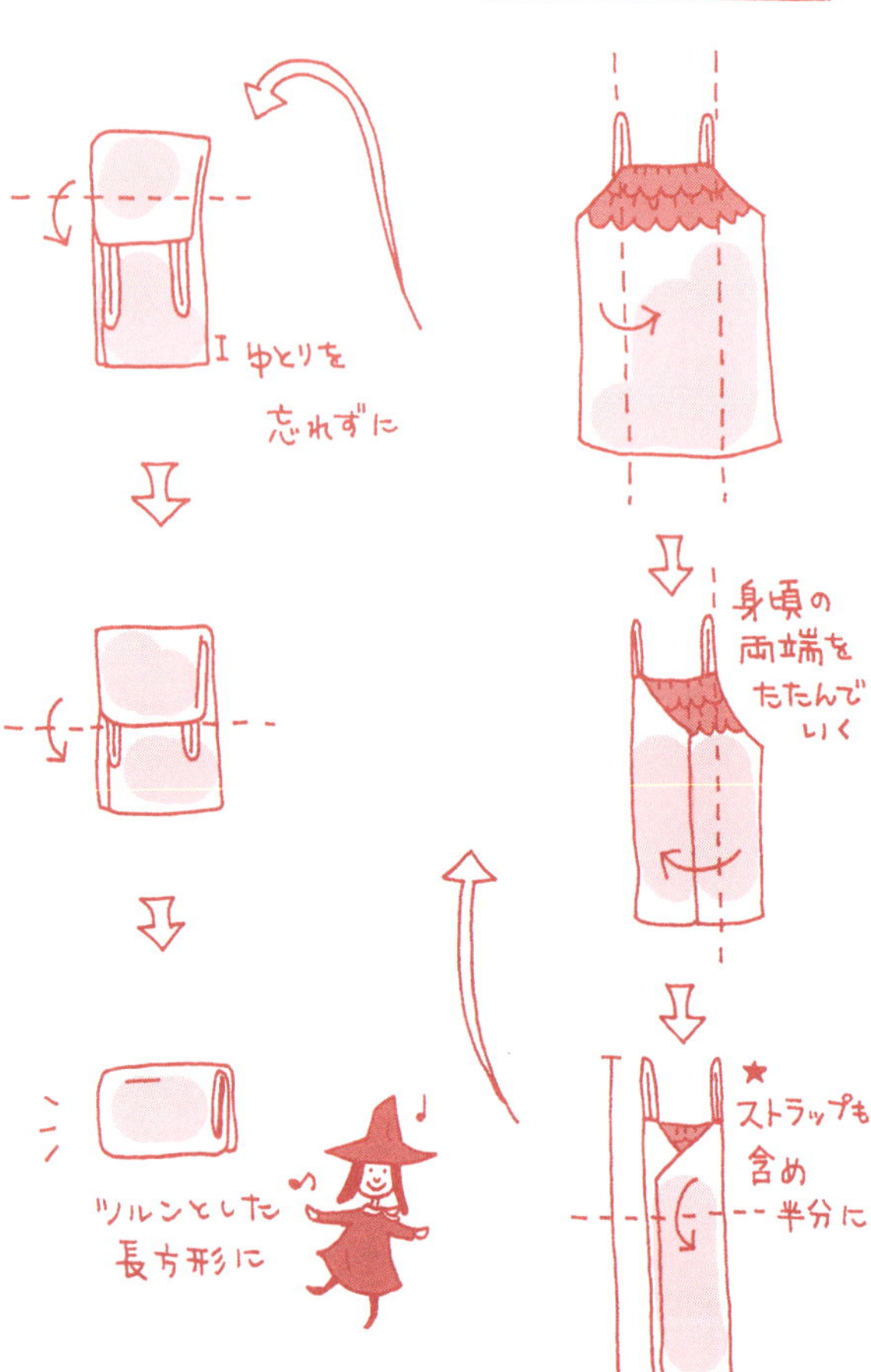
キャミソールのたたみ方
身頃の両端をたたんでいく
★ストラップも含め半分に
ゆとりを忘れずに
ツルンとした長方形に

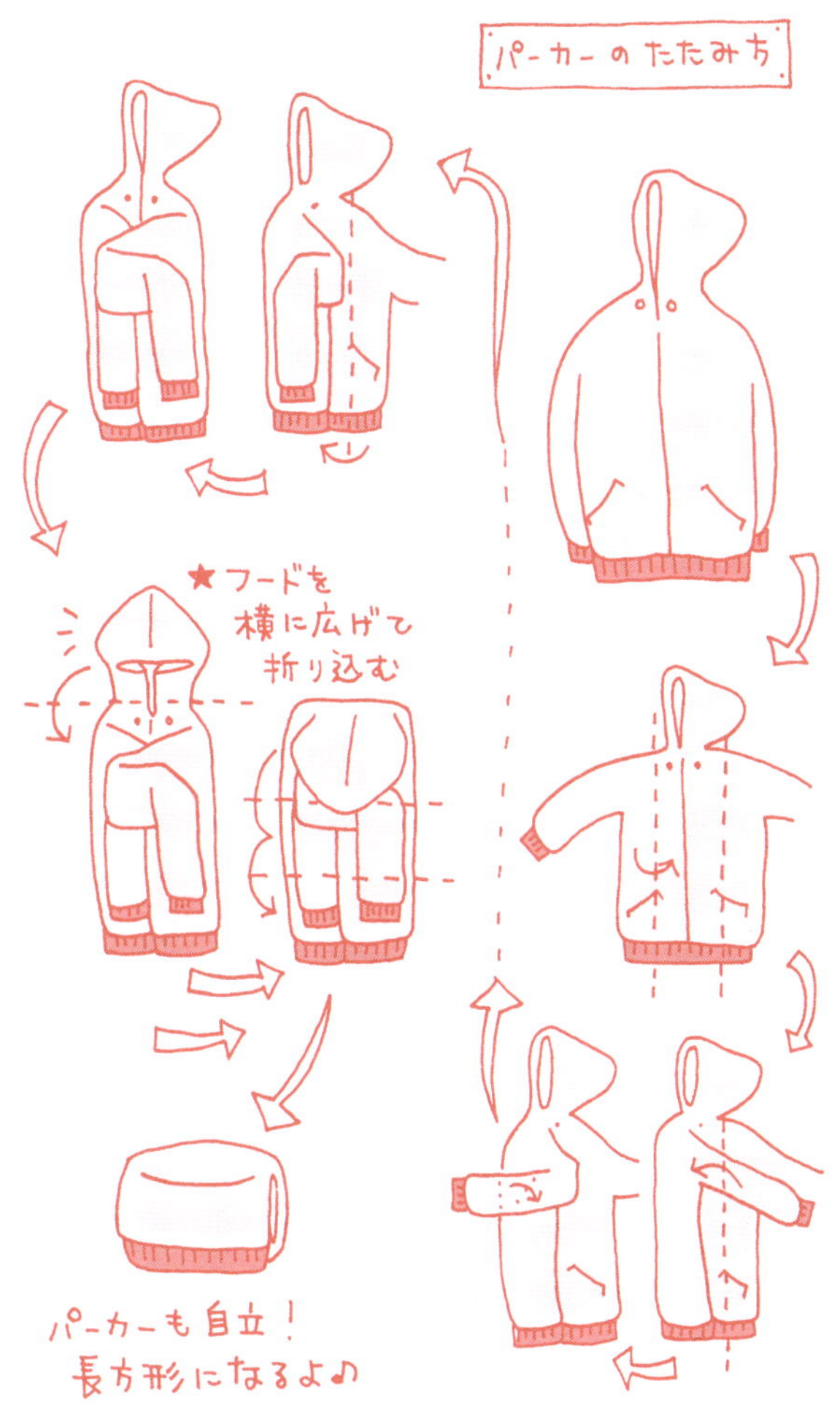
パーカーのたたみ方
★フードを
横に広げて
折り込む
パーカーも自立！
長方形になるよ♪

8

ボトムスを片づける

ボトムスの場合は、トップスのようにシーズンで分けずとも、スカート、パンツ、ジーンズなどカテゴリーごとに選んでいけばだいじょうぶです。

白いスカートばかり持っているなとか、ジーンズが大量に出てきた……、なんて方も多いかもしれません。同じようなボトムスが出てきて、残すか捨てるか迷ったら、実際にはき比べをするなど、それぞれの着る頻度を冷静に考えてみましょう。何年も着ていない服は一生着ないと考えてよいのです。

ジーンズなどコットン素材のパンツはたためますが、スーツ用のパンツやセンタープレスのパンツなど、きちんとした素材のパンツは「かける収納」が基本です。

スカートをかけるときは、一つのスカートハンガーに二着のスカート（色や形が似たモノ同士がおすすめ）をいっしょにかけると収納場所を節約できます。

ボトムスは、あなたの下半身を支えるモノ。ときめくボトムスを選んでください。

スカートのたたみ方

長方形に
合わせて
たたむ

少し内側に
ズラして半分に折り
あとは高さを調整して
二つ折り、三つ折り、巻く

スカートも
長方形に！

★ 何年も着ていない服は一生着ない。

パンツのたたみ方

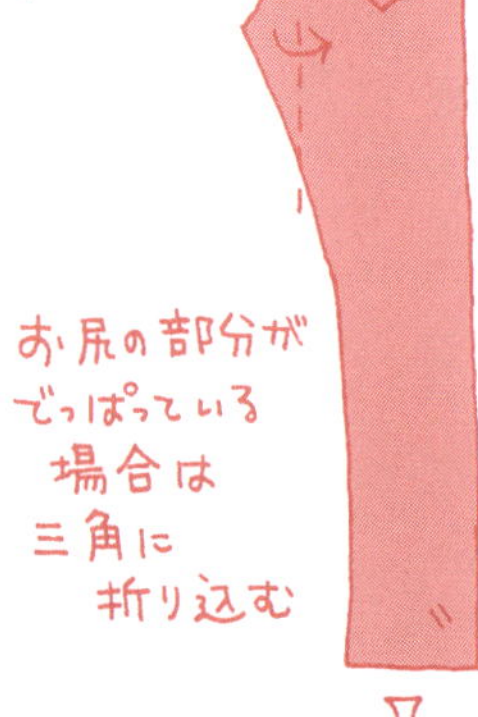

お尻の部分がでっぱっている場合は三角に折り込む

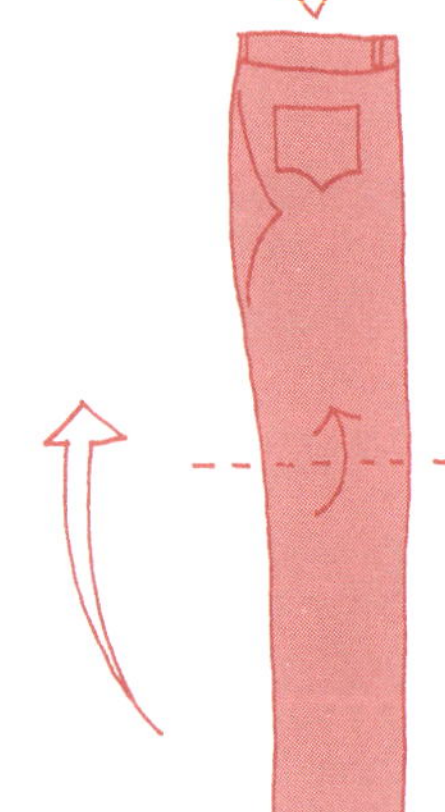

少し内側にズラして半分にたたむ

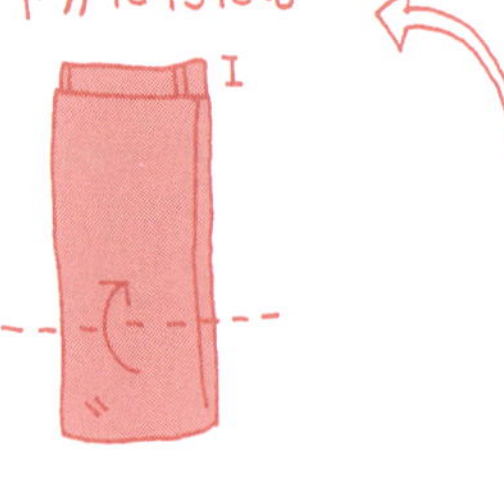

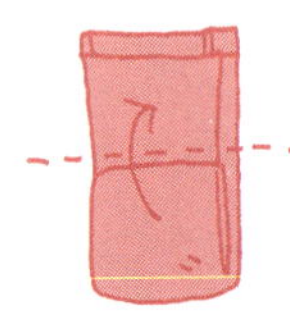

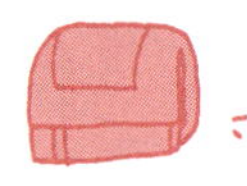

立てて収納♪

ショートパンツのたたみ方

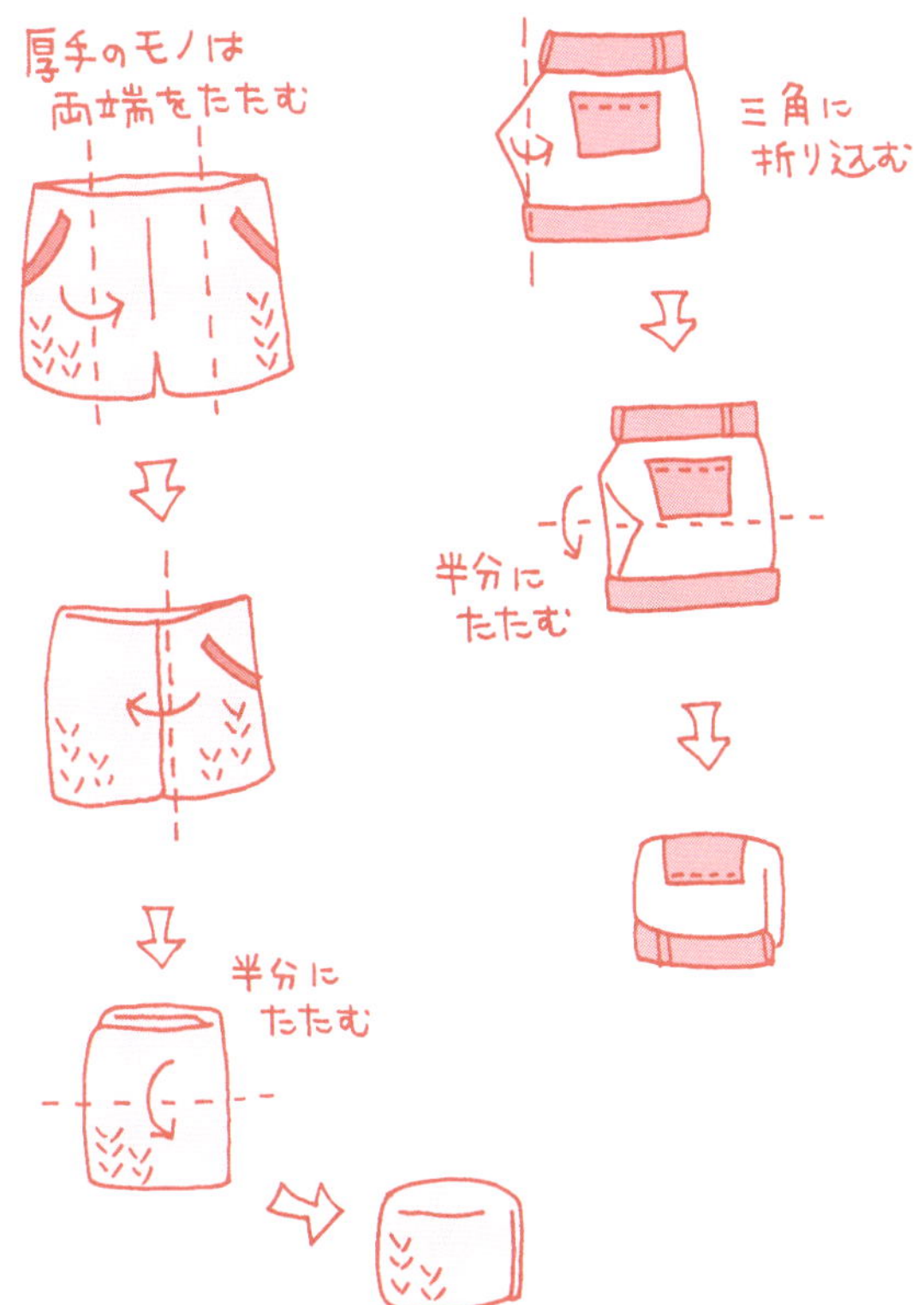

9

ワンピースを片づける

女性特有の洋服といえば、なんといってもワンピース。

そういえば以前、クロゼットいっぱいのワンピースを持つ、自称ワンピマニアのお客様からワンピース論を聞いたことがあります。彼女いわく、「ワンピースは女の戦闘服である」。とにかくデートによし、仕事によし、リラックスタイムにもよし。あらゆる場面で人の信頼と好感を得られる万能装備ともいえるワンピースは、「攻撃力・防御力とも最高レベル」なのだとか。なぜだか表現が男前すぎる件は置いておいて、実際、彼女が外国人のダンナ様ととても仲がよく、仕事もバリバリこなしている様子をみると、「ワンピースを着ることで女性は自信にあふれ、生命力も運気もアップするの」という彼女の言葉に納得せざるをえませんでした。

ワンピースの収納は、見た目のときめき感を生かすために「かける収納」が基本ですが、たたむ場合は左図を参考にしてください。

★ **ワンピースは攻撃力も防御力も最高レベルである。**

10

かけるモノを片づける

ジャケットやスーツ、コートなどのような厚手のモノは、ハンガー等に「かける収納」にします。ワイシャツ、ワンピース、スカート、パンツのなかでヒラヒラしていて、たたみにくいモノ、たたむとシワが入りやすいモノも同様です。

かける洋服のなかには、高価なモノもあると思います。つい、「高かったから」と捨てるのがもったいないような気がしてしまいがちですが、こういうときこそ、「ときめきチェック」がよりいっそう大事になります。

触ってもときめかない。でも、どうしても捨てがたい。そういう場合は、実際に着てみることをおすすめします。鏡の前に立って、「今、この服を着て出かけたいか」を冷静に考えてみましょう。

「かける収納」のポイントは、右肩上がりに並べていくこと。コート、スーツ、ジャケット……というように同じカテゴリーの服はまとめてくださいね。

★ 今、この服を着て出かけたいか、
実際に着てみて、鏡の前で冷静に考える。

11 靴下とストッキングを片づける

ふだん使用している靴下類だけでなく、タグがついていたり、パッケージに入っていたりしたままのストック分も忘れずに集めることがポイントです。

量が多い場合は、靴下、ストッキング、タイツ、レギンスと、カテゴリーごとに分けて選びます。穴が開いていたり、大量の毛玉がついてしまったりしているモノなど、「今日はこの程度でいいか」と思うような靴下を履くと、自分でその日一日を「その程度」にしてしまうことになります。

足は、自分という人間の体の重みを感じながら、一生懸命支えてくれています。その大事な足をくるんでいるのが靴下なのです。とくにおうちで履く靴下は大事です。なぜなら、おうちと自分の接点が靴下だから。この靴下を履くと、おうちでの生活が楽しくなる。そんな靴下を残してあげましょう。靴下やストッキングを丸めたり、結んだりして収納するのは、「彼ら」がかわいそう。今日かぎりやめましょうね。

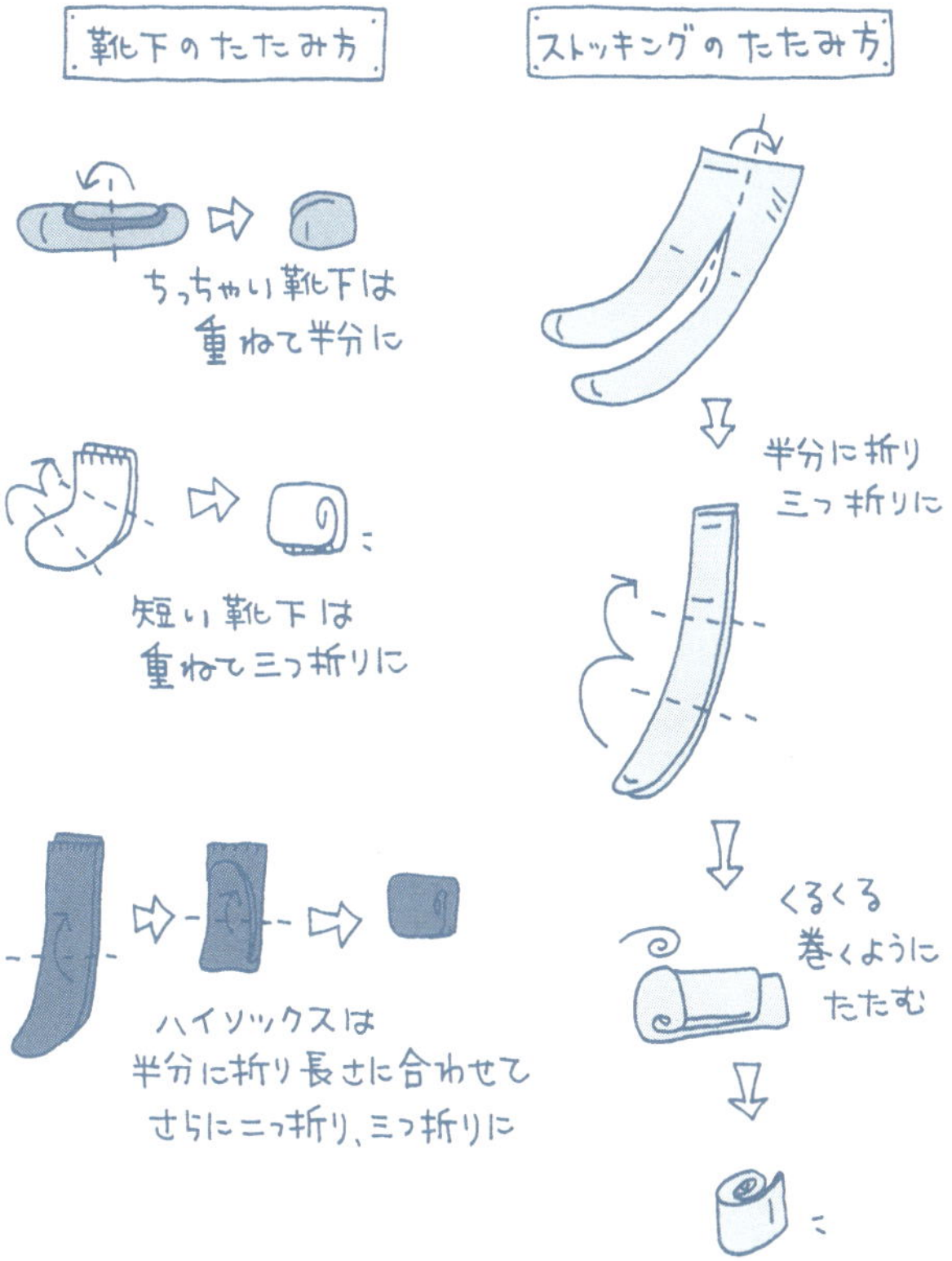

靴下のたたみ方

ちっちゃい靴下は
重ねて半分に

短い靴下は
重ねて三つ折りに

ハイソックスは
半分に折り長さに合わせて
さらに二つ折り、三つ折りに

ストッキングのたたみ方

半分に折り
三つ折りに

くるくる
巻くように
たたむ

★ おうちで履く靴下こそ、ときめくモノを選ぶ。

12 下着類を片づける

ブラジャー、ショーツのほか、腹巻きなどの防寒下着、ガードル、ペチコートなどもこのカテゴリーです。

じつは「片づけ後、真っ先に買い替える人が多いモノ」ナンバーワンは、下着！外からは見えなくても、体に直接触れる下着こそ、ときめき感度を最大にして「残すモノ」を選んでいきましょう。もちろん実用系の下着であっても、「あったかいな」とか「着るとホッとする」というように、自分を幸せにしてくれるモノは、「ときめくモノ」としてとっておいてオーケーです。

下着のなかでも、ブラジャーは別格です。「おブラ様」と敬意を込めて、大事に大事に選んでいきましょう。そして収納の際は、「おブラ様はＶＩＰ待遇に」が大原則です。女性の場合、「おブラ様」を大事にすることを覚えると、ほかのモノも大事にすることができるようになります。

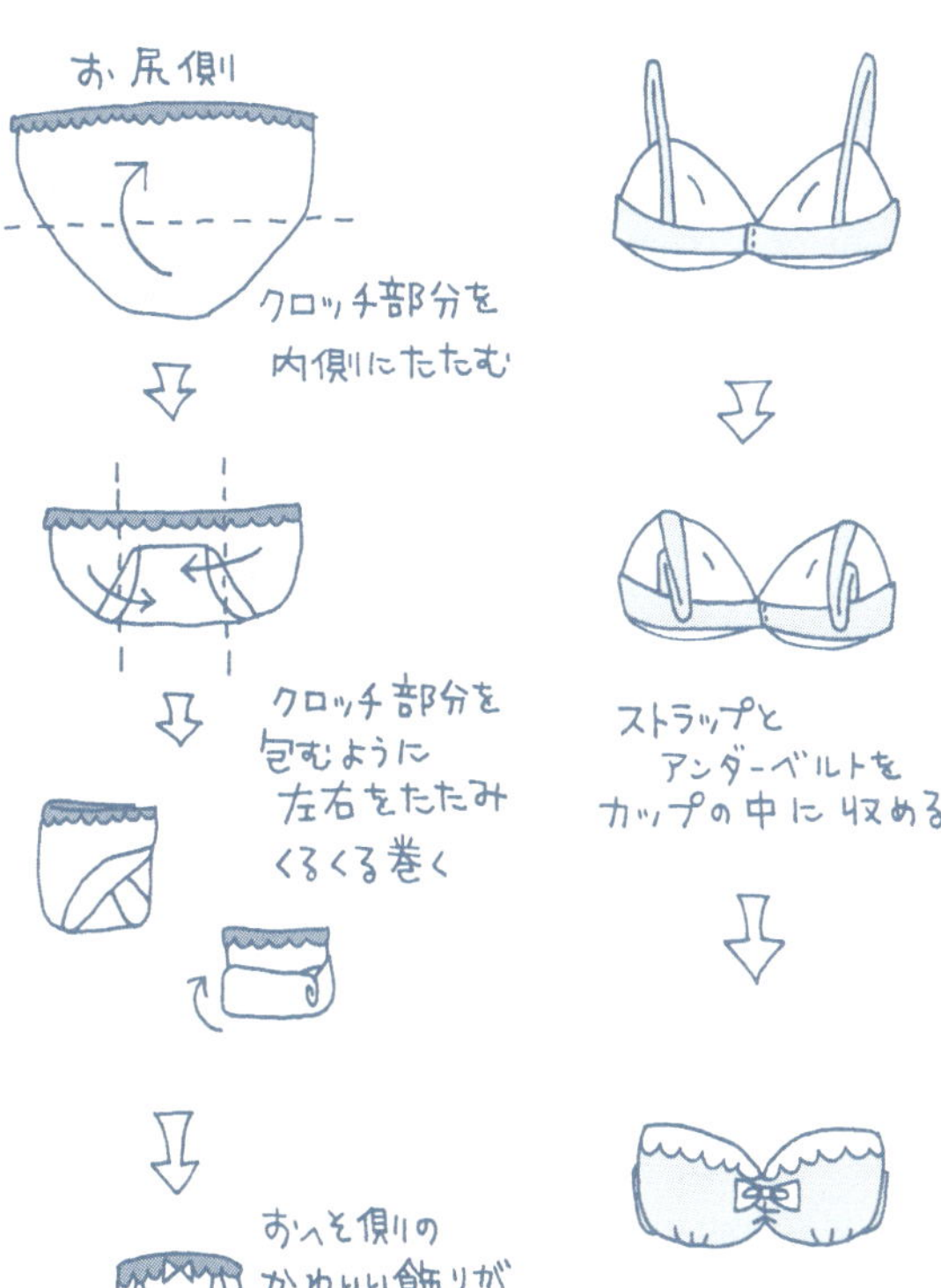

★「おブラ様」は別格の存在、敬わなくてはならない。

13 下着をＶＩＰ収納する

ＶＩＰな「おブラ様」収納のポイントは、なんといっても見た目の美しさ。カップはつぶさず、色のグラデーションになるように並べましょう。

ショーツのたたみ方は前のページの図の通り。Ｔバックなど、ほとんど布が見当たらない下着も同様です。ただ、あまりにもヒモに近いショーツはたたんでも崩れてしまうことが多いため、小さめの箱にまとめるか、ほかのショーツの間にキュッと入れて支えてもらう感じで収納しましょう。その他の下着は、ふつうの洋服と同じようにたたんで立てて収納します。スリップなどテロンとした素材の下着は、たたんでも立たないことがあるので、くるくる巻くようにたたんで並べてもオーケーです。

そういえば最近、片づけ現場で女性用のふんどしを見かけるようになりました。私自身はまだ試したことはありませんが、愛用中のお客様からは一様に熱くおすすめされます。四角い布なのでたたむのも収納するのも簡単なのが魅力的です。

ショーツの収納

★ティッシュの箱のサイズがぴったり♪

ショーツは
手前が薄い色
奥へいくほど
濃い色に
箱に詰めていく

ブラジャーの収納

★薄い色
↑
濃い色

「おブラ様」は
ディスプレイのように
カップをつぶさないよう
"VIP"扱いで
重ねて収納

★「下着の扱い方イコール自分の扱い方」である。

14 タンスの引き出し収納のコツ

たたんだ洋服は、カテゴリー別に引き出しの中で立てて収納していきます。ポイントは、色のグラデーションになるように並べること。ひと目でどこに何があるかわかり、持っている洋服の色の傾向もわかります。

並べる色のグラデーションは、奥が濃い色、手前が薄い色が基本です。引き出しの奥から自分に向かって、かろやかなときめき感がグングン流れてくるイメージで収納すると、引き出しを開けたときにキュンとした感じが味わえるのです。

タンスをお使いなら、下の引き出しに重いモノ、上にいくほど軽いモノを収納します。つまり、ボトムスや冬用ニットは下、Tシャツなどは上、といった感じです。「おブラ様」は、敬うためにも上の段に収納するのがしっくりくるはずです。

引き出しが深すぎて上の空間が余る場合、中で上下二段収納にする手もあります。たたんだ洋服の上に、さらに浅めの箱にたたんだ洋服を入れたモノを重ねるだけ。

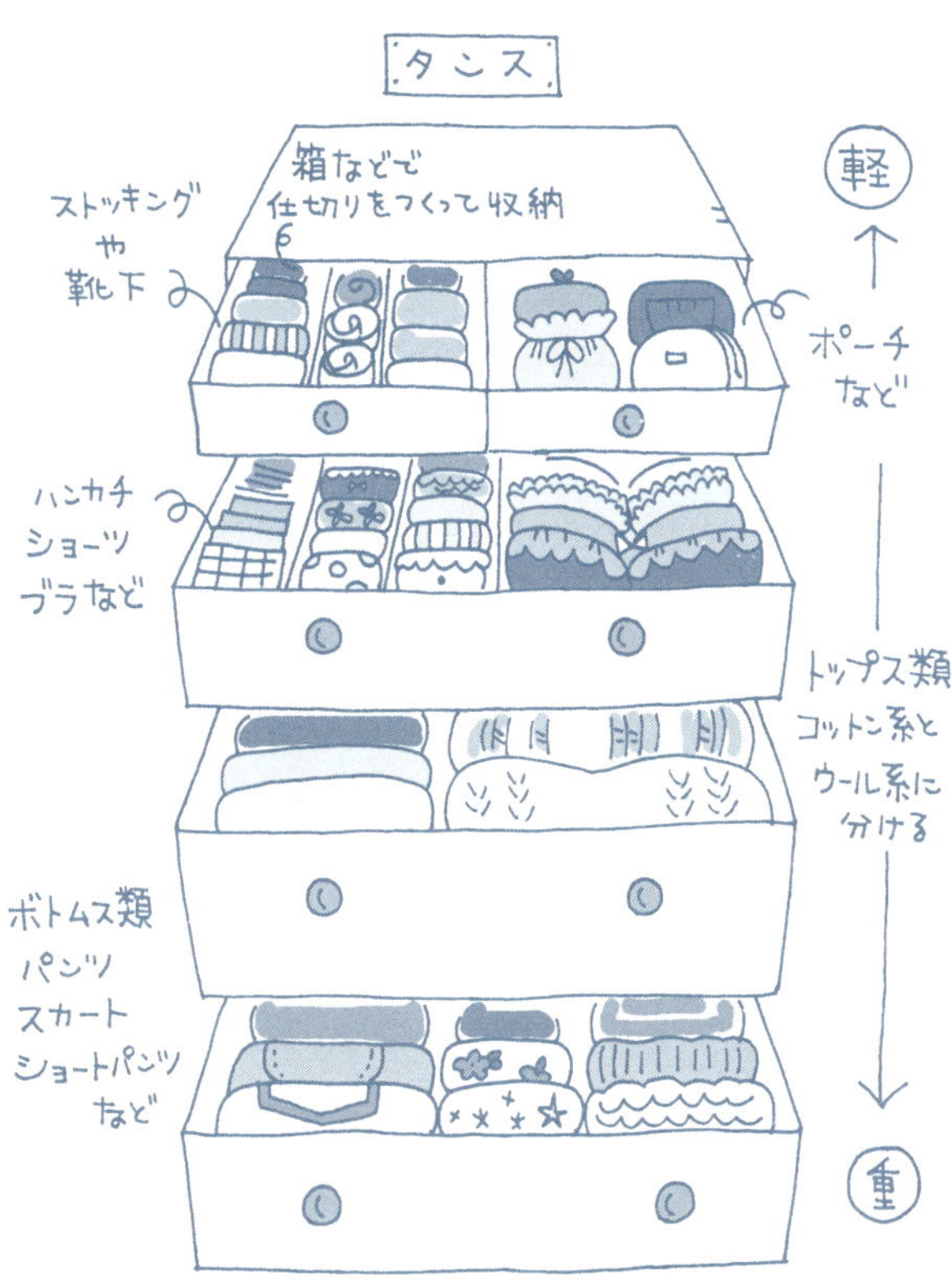

★ 奥が濃い色、手前が薄い色の
グラデーションになるように。

15

クロゼット収納のコツ

おうちにクロゼットがあるなら、洋服収納はとても簡単です。

まず、かけて収納する洋服をポールにかけます。かけきれない洋服がある場合、ためるモノはなるべくたたむようにすると、収納スペースが節約できます。

次に、ポールの下に引き出しを入れます。引き出しには、たたんだ洋服や衣料小物のほか、場合によってはアクセサリーや毎日持ち歩くモノなど、いわゆる小物っぽいモノなら何でも入れてしまってオーケーです。

上の棚にはバッグや帽子、季節外の小物、思い出品などを置くのが定番です。家族でクロゼットを使う場合は、「人別」にコーナーをきっちり分けましょう。

クロゼットに余裕ができたなら、外に置いていたカラーボックスやクリアケースなどを中に入れてしまうのもおすすめです。引っ越し直後などで洋服を入れる引き出しを一つもお持ちでない場合、ときめきチェックが終わった今が買い時です。

★ 家族共用の場合は「人別」に分ける。

16 押し入れ収納のコツ

押し入れの収納を成功させるコツは、その圧倒的な広さを最大限に生かすこと。クロゼットとして押し入れを使うなら、たたむ洋服の収納には奥行きに合ったロングタイプの引き出しを使いましょう。

かける洋服の収納には、ポールは必須。これから用意するなら、つっぱり棒式ではなく、独立型のポールがおすすめです。つっぱり棒しかお持ちでない場合は、両端をスノコなどで支えて、洋服の重みでポールが落ちないようにしましょう。

押し入れの中にはまず、ふとんのほか、容量の大きい季節モノの電化製品（扇風機など）から収納していくのが正解です。ふとん類は湿気がたまらないように上段に、扇風機など季節モノの電化製品や引き出しなど重みのあるモノは下段に。天袋にはひな人形やレジャーグッズなど、季節や出番が限られているモノを入れるのが定番です。

奇跡の収納力を持つ押し入れは、日本の宝。ぜひ誇りを持ってご活用ください。

★ **奇跡の収納力を持つ押し入れは、日本の宝である。**

17

バッグを片づける

バッグは、衣類と同じカテゴリーと考えて片づけます。なぜなら、バッグはクロゼットに収納するモノだから。

これまで毎日のように使っていたバッグがほつれてきたので、ほぼ同じタイプのモノを買い足して今はそちらを中心に使っている。でも、古いバッグはそのまま置いてある、なんてことはありませんか？　これはバッグをたくさんお持ちの方に多い現象で、たくさんバッグを持っているのに、そのわりには、なぜか使えるバッグがいつも足りないような気がする、なんてことになるのです。

バッグの世代交代は意識して行わないと、いつのまにか「使わないバッグ山」に大事なバッグが埋もれていきます（以前の私です……）。

選び終わったら、バッグの中にバッグを収納する「バッグインバッグ」方式で収納するか、エコバッグなどたためるバッグはたたんで収納しましょう。

エコバッグ・ビニールバッグのたたみ方

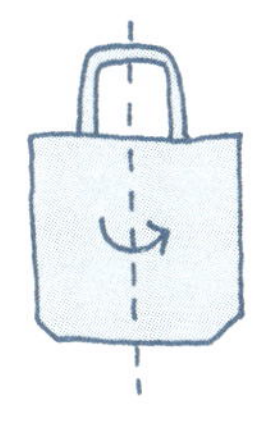

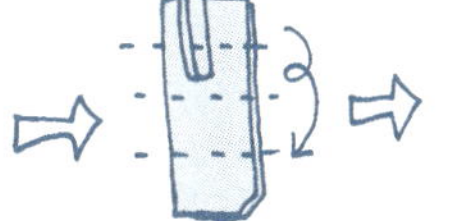

ひもを折り込んで
小さくたたむ

立てて
収納

「バッグインバッグ」方式

似たような形
似たような用途
バッグ同士が
支えあうように

バッグの中には
一つのバッグを
収納するのがベスト

★ バッグの世代交代を行わないと、
大事なバッグが埋もれる。

18

衣類のパーツ小物系を片づける

マフラー、ベルト、帽子、手袋のようなモノから、取り外したコートのファーや、スカートについていたけど別の場所に置いていたリボン等まで。衣類に連なるこうしたさまざまな小物を、パーツ小物系と私は呼んでいます。

すでにない洋服のパーツや、もはやどのコートのファーかもわからないようなモノもあるかもしれませんが、「何かに再利用できるかも……」とあいまいに残しておくのはキケンです。

「何かに再利用できることは一生ない」と考えて、ここで思いきって、お別れいたしましょう。

選び終わったら、マフラーやニット帽などたためるモノはたたみ、たためないこまごました小物は、引き出しの中に小さめの箱で仕切りをつくって収納するとスッキリしますよ。

★ **何かに再利用できることは一生ない。**

19

イベント系の衣類を片づける

イベント系の衣類といえば、水着、浴衣(ゆかた)、スキーウェア、ダンスの発表会用の衣装、忘年会で使うコスチュームなど。

滅多に着ないモノが多いと思いますが、ときめくモノはもちろんとっておいてだいじょうぶです。それが、他人から見て、「えっ、こんなの、いったいいつ着るの？」と後ろ指をさされるような代物であったとしても、自分がときめくと思うモノは堂々ととっておくべきなのです。

なぜなら、ときめきは、他人基準ではなく、自分基準だから。

カテゴリー別に細かく分けすぎず、「イベント系」としてざっくりまとめて収納してしまうほうが、収納がシンプルになっておすすめです。

「ときめくから捨てられないけれど、外にも着ていけない」ようなコスプレ衣装は、部屋着にするもの一つの手です。

★ **ときめきは、他人基準ではなく、自分基準。**

20 靴の片づけと収納法

一般的に靴は衣類ではありませんが、こんまり流の片づけでは、靴は衣類のカテゴリーに入れて、早めに「ときめきチェック」をすませてしまいます。玄関のほか、押し入れなどにしまっている靴も含め、家じゅうのすべての靴を集めたら、新聞紙などを敷いてズラリと並べてください。

サンダル、スニーカー、ブーツ、冠婚葬祭用など、カテゴリーごとに分けて並べると、自分の手持ち靴の傾向がわかります。

一足ずつ手にとって、「ときめきチェック」を行うのはいつもの通りですが、残念ながら足に合わず、痛くなってしまう靴はこの際、処分してしまいましょう。

男性も女性も靴は重要です。「足もとを見られる」という言葉もあるように、人は靴で判断されてしまうこともあるのです。ときめく靴を履いていれば、きっと靴がときめく未来に連れていってくれるはず。そんなふうに考えるのも、楽しいものですね。

★ ときめく靴がときめく未来に連れていってくれる。

21

旅行・出張時の荷造りのコツ

旅行や出張に持っていくスーツケースの中身も、収納の基本は同じです。洋服はいつもの通りにたたんで、立てて並べます。

ショーツなどのこまごましたモノは旅行用の仕切りがついたポーチを駆使してまとめ、化粧水などのコスメ類は小さなボトルに詰め替えてなるべくカサを減らします。

私の場合、「おブラ様」はここでもＶＩＰ扱いです。「おブラ様」専用にしている巾着袋にカップをつぶさないように入れ、スーツケースの一番上へ。

ちなみに出張や旅行のときは、荷造りよりも荷解きのほうが圧倒的に好きです。帰宅するなり荷物の中身を全部出し、洗濯物を洗濯機に入れ、すべてのモノを定位置に戻し、スーツケースの外側と車輪までキュキュッと拭きます。

制限時間は帰ってから三〇分以内。全自動の荷解きロボットになったつもりで、ものすごいスピードでチャカチャカと動くのがポイントです。

★ **ポーチやボトルを駆使して、カサを減らす。**

column

家族の衣類はどうする？

ご家族と一緒に暮らしている方からよくいただく質問の１つが、「家族の衣類はいつ片づけるのですか」です。

片づけの基本ルールとして「まず、自分のモノの片づけを終わらせることに集中する」というのが前提ですが、自分の洋服の片づけが完璧に終わった段階であれば、お子様やダンナ様（奥様）の洋服の片づけを手伝うのはオーケーです。

残す洋服選びは、本人の判断にまかせましょう。私の片づけレッスンの経験では、３歳以上であればお子様でも自分のときめきで選べることが多いようです。

捨てることに乗り気ではないご家族の場合、お洋服のたたみ方などを教えてあげて、収納をタテ収納に直してあげるだけでも、見た目がかなりスッキリしますし、本人のやる気がアップする効果も期待大。もちろん、本人が片づけをする気がないからといって、ご家族のモノを勝手に捨てたりするのはやめましょうね（昔の私のことです）。

結局、モノは残すか、捨てるか、
その二者択一しかありません。
ならば、残すと決めたモノは、
腹を決めてとことん大切にするべきです。

片づけで大事なのは「何を捨てるか」ではありません。
どんなモノに囲まれて生きたいのかです。
だから、これからの人生を生きていくうえで
「何を残すか」という視点で選んでください。

第三章

本類はこうして片づける

22

「本だけは捨てられない」という人に贈る言葉

もしあなたが、「本だけは捨てられない」と思ってこれまで本の片づけから逃げつづけていたのなら、じつにもったいない。なぜなら本の片づけは、あなたのときめき感度と行動力をアップさせる大チャンスだから。

本が捨てられない理由ナンバーワンは、「また読み返すかもしれないから」です。でも、今の時点でときめかない本が後日読み返されることは、ほとんどありません。

私たちが本を読むのは、本を読むという経験を求めているということです。一度読んだ本は、「経験した」ということ。内容をしっかり覚えていなくても、すべてあなたの中に入っているはずです。

目に入るたびに「いつか勉強しなきゃなぁ……」と気が重くなりつつ長い間放置している勉強本は、思いきって一度捨ててみましょう。

義務感から解放されて一気に心が軽くなるか、いよいよあせって新しい本を買ってでも勉強を始めるか、捨てることによって自分が何にときめくのかがはっきりして次の行動に移れるようになります。

まだ読み終わっていない本、まだ読みはじめていない本、こうした「いつか読むつもり」で放っておかれている未読の本も、その「いつか」は永遠に来ないのです。だから、未読の放置本は思いきってすべて捨ててみてください。

もちろん、自分にとって本当に大切な、殿堂入りともいえる本や、今の自分に必要と思えるときめく本は、堂々ととっておいて問題ありません。

ときめく本だけ残すようになると、入ってくる情報の質が明らかに変化します。減らした分だけ新しい情報が入ってくる感覚が実感できるようになり、「必要な情報は、必要なタイミングでやってくる」という確信が持てるようになります。

本をため込んでいたときは、情報を持っているだけで生かせていなかったのが、「情報にピンときたら、即行動」というパターンで動けるようになるのです。

体力的にも時間的にもそれなりに大変な本の片づけですが、効果は抜群。この機会に完璧に終わらせることをおすすめします。

★ いつか読むつもりの「いつか」は永遠に来ない。

23 本を一冊残らず床に積み上げる

本の片づけも衣服と同様、まずは本棚から自分の本を一冊残らず床に出していきます。そして一冊一冊手にとって、ときめく本だけ選びましょう。

「それはさすがに大変だから」と本棚に入れたままで判断するのは御法度です。本棚に入った状態のまま長らく動かされていない本は、いわば寝ている状態。そのまま触ったところでときめくかどうか判断できません。本棚から出した本を判断するときは、触るだけでオーケー。中身はけっして読み込まないことがポイントです。

また、外出用にカバーを裏返したままの本はありませんか？

こうした本はときめくモノであっても存在自体を忘れがち。この機会にすべてカバーを戻してあげて、見た目もときめく本棚を完成させましょう。

本の量が多く一度に選びきれない場合は一般書籍、実用書、鑑賞用、雑誌などカテゴリーで分けて、それぞれときめきチェックをする方法でも問題ありません。

★ **本棚に入れたままのときめきチェックは御法度。**

24 マンガ本を一気に片づけるコツ

通常、マンガ本は一般書籍のカテゴリーの中で片づけてしまうことも多いのですが、とくに量が多い場合は別カテゴリーにしてまとめて選んでいきます。

マンガ本はたいてい数巻でワンセットになっているため、すべての巻を一冊一冊手にとらなくても大丈夫です。タイトルごとに積み上げ、まとめてガバッと抱きつくようにして触る、一番上の巻だけ手にとってみるなど、お好みの方法でときめきチェックをしてみてください。読みふけってしまう危険性が一番高いカテゴリーですから、けっして中身は見ずに、触ったときのときめきを感じることに徹するのがコツです。

片づけレッスン中、うっかりお客様が持っているマンガの話題を振ろうものなら大変です。その作品の魅力を切々と語りだし、何十分も止まらないことも……。

ちなみにこれまでうかがったお客様の中で「殿堂入りときめきマンガ」に選ばれた回数がもっとも多いのは、某バスケマンガです。

★ 中身を読んでしまうと片づけは永遠に終わらない。

25 ビジュアル系書籍や雑誌を片づけるコツ

雑誌や写真集のほか、カタログや美術展の図録、ファンクラブの会報誌など、「眺めて楽しむ」要素が強い本類に当てはまるモノがこちらのカテゴリーです。

まず、捨てるなんて言語道断、迷いなく「ときめきます！」と断言できるレベルの本。こうしたいわゆる「殿堂入り」レベルの本は、もちろん迷わず残しておけばよいのです。雑誌は「旬」の期間が短い本類の代表選手。定期的に買っている雑誌がなんとなくたまっていくなら、残す冊数をきっちり決めてしまいましょう。

本の一部の写真や記事だけにときめく場合は、必要な部分だけ切り取ります。切り抜いたページはすぐにファイリングしなくても、いったんクリアファイルなどにまとめておくだけでオーケー。雑誌を切り抜いたときによくあるパターンなのですが、あとから「どうしてこれ切り取ったんだっけ？」と思うことも多いので、書類の片づけをするときに「切り抜き系」としてあらためて整理しましょう。

＝残しておきたい写真や記事があったら＝

★ 殿堂入りの本は誰が何といおうと残しておく。

26 本を美しく収納するコツ

本の収納場所は、本棚、カラーボックス（押し入れやクロゼットに入れる）、納戸、シューズクロゼット（一人暮らしの場合に多い）など。「収納は分散させない」が基本ですが、レシピ本だけキッチンに、といったように、使う場所が限定されている本を分けて収納するのは問題ありません。本棚をさらにときめかせる裏技は本の帯を取ることです。広告や文字情報が多くてときめかないと感じる帯を取るだけで、本棚はスッキリ。これは効果抜群です。もちろんときめく帯はそのままにしておきましょう。

本の片づけ後、「こんなに残していいのかな……」と感じてしまっても、心配無用です。ときめき感度は、片づけを進めるごとに磨かれていくもの。あとからお役目終了のモノに気づいたら、そのつど減らしていけばよいのです。

それに、ときめく本がたくさん残っているのは素敵なこと。あなたが一冊一冊ときめきチェックをして残した本なら、堂々と大切にする覚悟も大事です。

本棚づくりは自由に

本は必ず縦に立てて並べてね

本棚に並べてみて
まとまりがないな…というときは

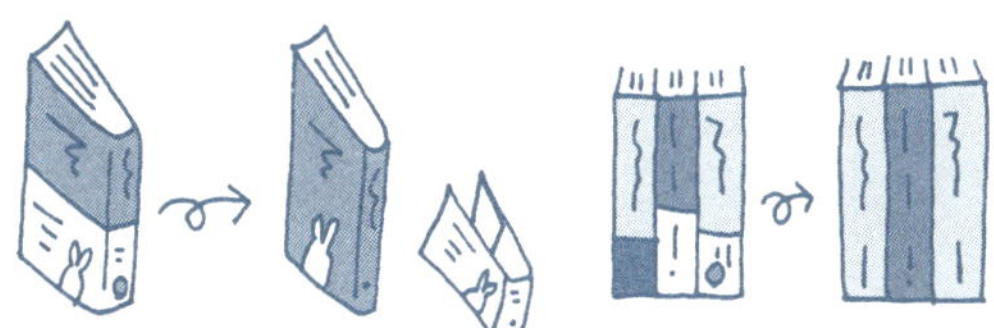

本の帯をはずして並べてみよう

★ 本の帯を取るだけでときめく本棚になる。

column

本棚に残した本にふさわしい自分になる

本の片づけが終わったら、本棚全体をざっと見渡してみてください。背表紙に書かれたタイトルには、どんなテイストの言葉が並んでいるでしょうか。

「今年中に結婚したいんです」といいつつ、本棚に「おひとりさまの○○」という文字が見えていたり、「毎日ときめきながら過ごしたい」と思いつつ、なんとなく悲しい感じのするタイトルの小説ばかりが並んでいたりしたら、要注意。

本のタイトルや、中に書いてある言葉のエネルギーは強力です。

「言葉が現実をつくる」という言葉がありますが、これは、ふだん目にしたり、接したりしている言葉と同じ性質の出来事を引き寄せるということです。言い換えれば、「本棚に残した本にふさわしい自分になる」ともいえるのです。

もし、理想通りの自分だったとしたら、本棚にはどんな本が並んでいるだろう。そんな視点で残す本を選んでみると、これから起こる出来事の流れがガラリと変わるかもしれません。

今、片づけが苦手で、
おうちが散らかって散らかって
どうしようもない人ほど、
片づけ効果は劇的に表れます。

あなたのおうちにあるモノが、
あなたのところにやってきたこと。
そこには必ず意味があります。
すべてのモノは、
あなたの役に立ちたいと思っています。

第四章 書類はこうして片づける

27 書類は「全捨てが基本」である

書類の片づけも、衣服・本類と同様に、まずは家じゅうから自分の管理できる書類を一か所に集めましょう。書類の片づけの基本はズバリ「全捨て」。

といっても本当に書類をゼロ枚にしてしまうわけではなく、「全捨て前提」で残す書類を選ぶ、ということです。一枚のボリュームが少なく、ついついためてしまいがちな書類は、全捨て前提の覚悟で選ばないと減らすことができません。

「今使っている」「しばらく必要」「ずっととっておく」など、この先の使用用途がはっきりいえる書類のみを残してください。

ポイントは、必ず一枚一枚チェックすること。封筒でまとまっていても、広告などいらない書類がまざっていることが多いので、中身を出した状態で選びます。

書類の片づけはちょっぴり頭が痛くなりがちですが、だいじょうぶ。たまにお水なんかを飲みつつ、冷静にカテゴリーごとに進めていきましょう。

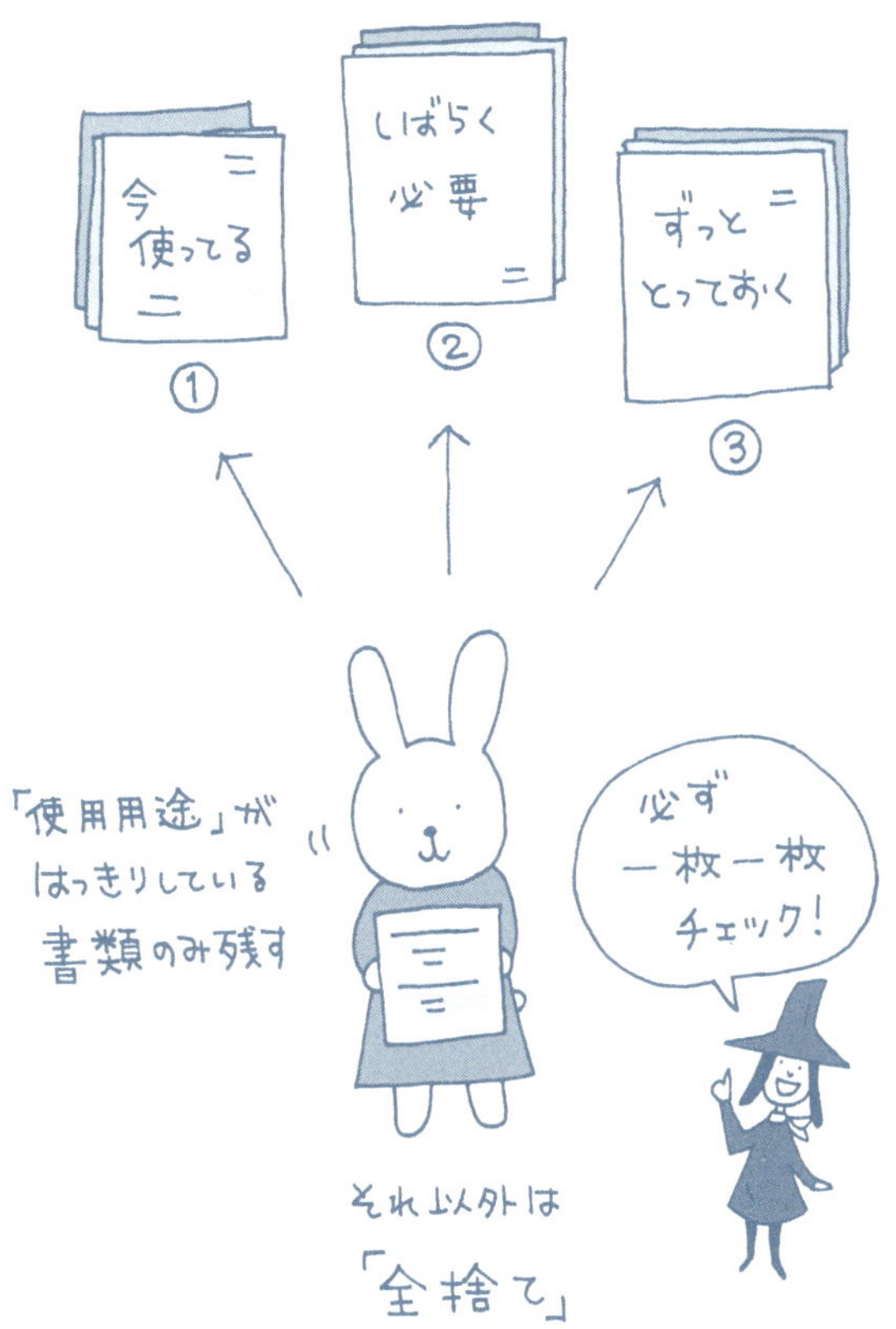

★ **この先の使用用途がはっきりいえる書類のみ残す。**

28 書類の未処理ボックスをつくる

書類の片づけをするときに必ず必要なモノ、それは未処理ボックスです。

返信する予定の手紙や振込が必要な請求書など、この先、自分が処理をしなければいけない書類はとりあえず未処理ボックスに入れて、どんどん片づけを進めましょう。

ただし「封筒の中身を確認する」「ちょっと目を通したら捨てるパンフレット」など、一瞬でできることであればその場で確認して捨ててしまうのがおすすめ。

未処理がたまりすぎると、あとで処理するのがとてもおっくうになります。

未処理ボックスには書類が立てられるタイプのファイルボックスを使うのが一般的ですが、適当な空き箱や、書類の量が少なければクリアファイルを使うのももちろんオーケーです。

また、家族で「片づけ祭り」を行う場合は、人別に、「未処理ボックスは一人一つまで」が原則です。

★ 人別に未処理ボックスは一人一つまで。

29 セミナー資料を片づける

キャリアアップや資格取得、あるいは自己啓発のために受講したセミナーで配られた資料。もしかして、手元にありませんか？

この手の資料は「またいつか勉強し直したい」と思ってしまって、ついついとっておきがち。でも、実際に勉強し直したこと、ありますか？

たいていの場合、その「いつか」は永遠に来ないのです。

セミナーは受けているその瞬間に価値があります。そして、そこで学んだことを実行に移さなければ意味がありません。

逆説的にいえば、資料があるからいつまでも実行しないのだと私は思います。セミナーは、「配られた資料は全部捨てる」くらいの覚悟で受講すること。もしも捨ててしまったあとに後悔したら、もう一度同じセミナーを受けに行けばよいのです。そしてそのときこそ、すぐに実行に移しましょう。

★ セミナーは配られた資料をすべて捨てる覚悟で受講する。

30 カードの明細書を片づける

なんとなく捨てられずにたまっていく書類の代表選手といえば、クレジットカードの明細書。カードの枚数分、毎月必ず送られてくるので、気がつくとけっこうなボリュームになりますよね。

でも、多くの人にとってカードの明細書は、「今月はこのくらい使いましたよ」というお知らせのためのもの。公共料金の口座引き落とし通知も同様です。

内容を確認して、納得するなり、家計簿に書き写すなりしたら、カードの明細書の役目は終わりです。個人事業主で確定申告に必要な方以外は、シュレッダーにかけるか、細かく破るかして、全部捨ててしまいましょう。

最近は、多くのクレジットカード会社で、明細書をメールで通知してもらえるようになりましたので、便利になりましたね。今後はぜひ、そういうサービスを利用するのがよいと思います。

★ **カードの明細書は、必要な人以外、全捨て。**

31 電化製品の保証書を片づける

電化製品を買うと必ずついてくる保証書。家庭内にある書類の定番中の定番だけあって、きちんとまとめて保管してある方が多いと思います。

保証書の保管法として一般的なのは、ジャバラ状のファイルやブック状のファイルを使った方法でしょうか。でも、じつはここが落とし穴で、保証書の場合、細かく分けすぎてしまうと一つひとつを目にする機会が減り、気づかないうちに期限切れの保証書がたまりがちなのです。歴代の電化製品の保証書をとっておきたい、なんて人はさすがにいないと思うので、期限切れの保証書は全捨てでもちろんオーケー。

一番簡単な保管方法は、ふつうのペラッとしたクリアファイルに分けずに入れること。一か所にまとめることで、必要になった保証書を探しながら期限切れの保証書のチェックもできてしまうので、おすすめです。購入を証明する領収証が必要な場合は、保証書と一緒に保管しておきましょう。

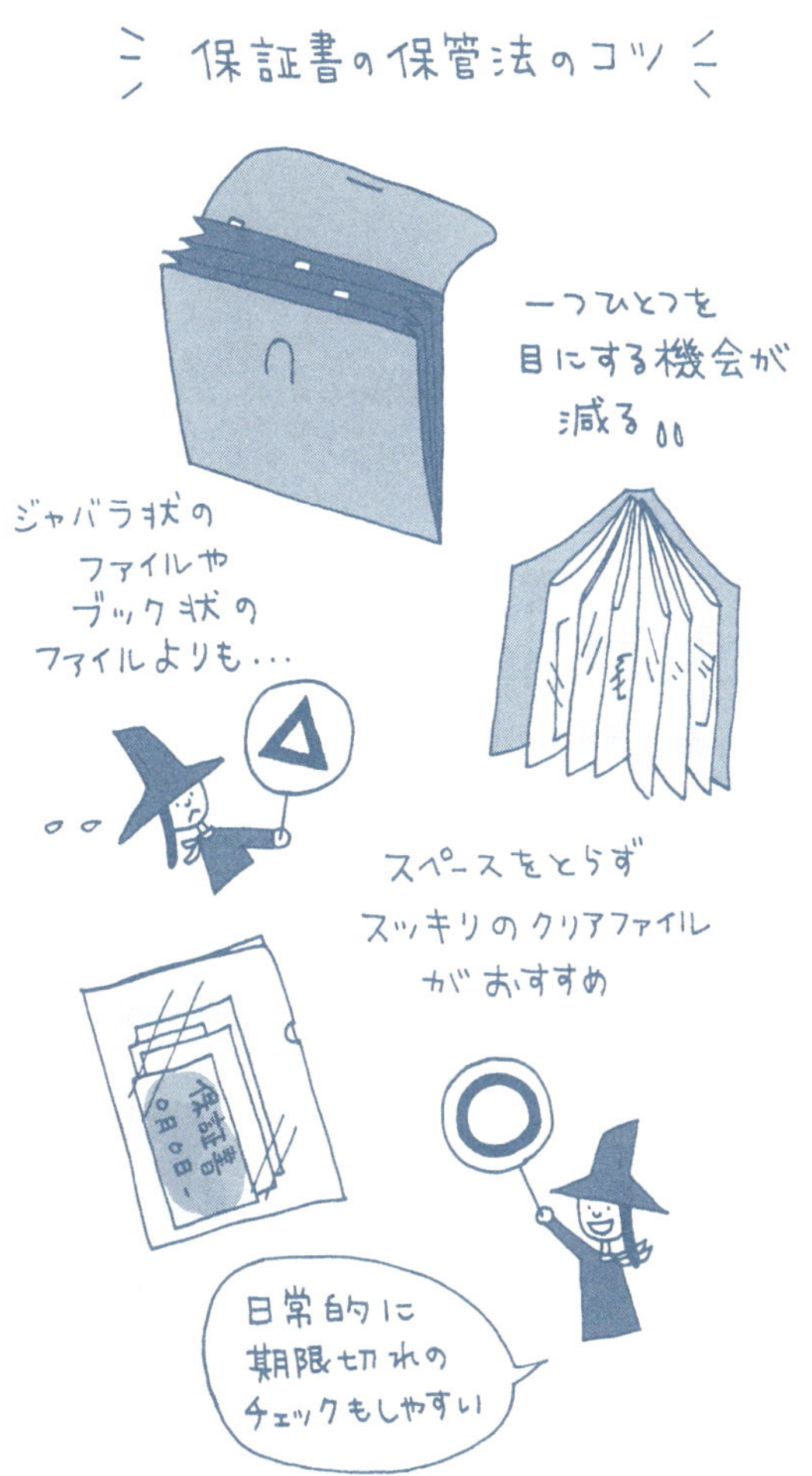

★ 一見、便利な「収納の落とし穴」にはまるな。

32

電化製品の取扱説明書を片づける

書いてあることといえば、むずかしくておもしろくもない、ただのマニュアル。そのくせ、分厚くて場所もたくさんとって、本当は置いておきたくなんかないけど、いざというときに必要になるから、とりあえず置いてある。よくあるのは、電化製品はとっくに故障して買い替えているのに、取扱説明書だけは後生大事に保存してあるというパターン。そんな無用の長物の代表選手が、電化製品の取扱説明書です。

でも、安心してください。これは「全捨てが基本」でだいじょうぶです。

取扱説明書を捨ててしまって困ったことが起きたとしても、あとでインターネットで調べたり、メーカーに問い合わせたりすれば、なんとかなるものです。

ただし、「取扱説明書にときめきます！」「カメラの説明書だけはしょっちゅう見返す」というように、自分なりのこだわりがあるモノの場合は、厳選して堂々ととっておいてください。

★ **いざというときに、なくてもいい。**

33

年賀状を片づける

捨てにくい書類の代表格の一つが年賀状。手書きのうれしいひと言が書いてあったり、ご本人やご家族の写真が入っていたりして、なんとなく「記念」に残しておきたくなるのです。

でも、だいじょうぶです。

年賀状の一番の役割は「新年のあいさつ」をすること。だから、新年に受け取った瞬間に年賀状の役目は本来、終わっているのです。

年賀状のお年玉番号を確認して、送ってくださった方に「今年もいろいろとありがとうございました」と感謝をしたら、思いきって捨ててしまいましょう。

翌年の年賀状を書くための住所録として利用している場合には、一年分だけとっておきます。

それ以前の年賀状は、「ときめくモノ」だけ残すとよいでしょう。

★ なんとなく記念に残すのはやめる。

34 雑誌や新聞の切り抜きを保存するコツ

雑誌のページを切り抜いて冷蔵庫に貼ってあったものの、一度もつくったことがない料理レシピ、行く予定のない観光地マップ、あとで読もうと思ってとっておいた旬が過ぎた新聞記事……。今、ときめきますか？

ちなみに以前、私は、京都や鎌倉のマップを見るととりあえず切り抜くクセがあったのですが、実際行くときにはすっかり忘れて活用せずの繰り返し。結局、全捨てしました！

切り抜きで保存したいモノは、ペラペラめくれて読み返しやすいクリアブック型のファイルを使うのが簡単でおすすめです。さらにときめき度を重視するなら、自分ならではのこだわりスクラップブックをつくってみるのも、もちろんオーケーです。

ただし、近いうちに行きたいお店の情報など、ファイリングするほどでもない切り抜きは、未処理ボックスか、手帳にそのまま入れてしまいましょう。

≡ 切り抜きを保存するコツ ≡

近いうちに行きたいお店の切り抜きなど
ファイリングするほどでもないモノは
手帳にそのまま入れるか「未処理ボックス」へ

★ 使わなかった切り抜き記事が使われることはない。

35 未処理に片をつける日をつくる

書類の片づけがひと通り終わったら、あなたの未処理ボックスを確認してみましょう。いつのまにか、けっこうな量がたまっていませんか？

未処理の書類を片づけるときにおすすめなのは、時間をつくって一気に処理をする方法です。「一度目を通したら捨てよう」という書類は、すぐに目を通して処分。お返事の必要な書類なども勢いをつけて処理してしまいましょう。

なかには代金の振込や銀行口座の解約手続き、各種サービスの変更手続きなど、外出が必要な用事もあることも多いので、会社員の方であれば思いきって有給休暇をとってしまうのもいいですね。

もちろん未処理ボックスの中の片づけは、「片づけ祭り」終了後でも問題ありません。ただ、未処理が残っているモヤモヤ感は予想以上に気になるもの。小物の片づけを始める前に、さっさと片をつけてしまったほうが絶対に気がラクなのです。

★ 未処理の書類があるとモヤモヤ感でいっぱいになる。

会社の書類はどう片づける？

会社の片づけの場合、まず手をつけるのは共有スペースよりも個人のデスクまわりからが鉄則です。おうちの片づけ同様、モノ別に一気に進めます。

片づける順番は、「本類→書類→文房具→その他小物」が基本です。

一般的な１人分のデスクであれば、必要な時間は２時間×３回分。オフィスに人が少ない早朝に「片づけ祭り」を行うのがおすすめですが、まとまった時間がとれるのであれば６時間かけて１回で終わらせるのもオーケーです。

「忙しくて６時間もとれない！」なんてあきらめていたらもったいない。あるデータによると、人が１日にモノを探している時間は１日に30分、多い人だと２時間にもなるそうです。つまり月20日勤務なら１か月で最大40時間もムダにしているということ。これをたった６時間の片づけで解消できたら、あっという間に元がとれてしまいますね。スッキリ片づけられたときめきデスクで、仕事の効率アップは間違いなし！

ときめかないけど捨てられないモノに対しては
一つひとつ、その本当の役割を考えてあげること。
すると、意外なほど、多くのモノが
すでにその役目を終えていることに気づくはずです。

モノが本来あるべき場所に、モノを収める。
収納とはいわば、「モノのおうち」を決めることです。
だから、自分が持っているあらゆる持ちモノの定位置を
一つ残らず決めること。
じつはこれこそが、収納とは何かの本質なのです。

第五章

小物類は こうして片づける

36 無数の小物を片づけるコツ

小物の片づけの特徴は、とにかくカテゴリーが多いこと。文房具・コード類・化粧品・食器・掃除用品・洗濯用品……といったように、ちょっと考えただけでめまいがしてきそうです。

そんな小物の片づけ攻略のポイントはズバリ、カテゴリー分けを知ることです。おうちの中にはどんなカテゴリーのモノがあるのか、ということさえ知っていれば、そのカテゴリーごとに今までの基本通り、

①一か所に集めて
②ときめくモノだけ選んで
③カテゴリーごとに収納する

というステップを一つひとつ踏んでいけばよいのです。

小物類のなかには家族と共用のモノもあるかもしれませんが、まずは「自分だけの

モノ」から選ぶことがルールです。

一人暮らしの方であれば、どのカテゴリーから始めても問題ありません。

小物の片づけ中に「ときめかないけど必要なモノ」が出てきて判断に迷ったら、とにかくそのモノをほめまくってみるという方法があります。おうちにあると便利な点や、見た目の特徴などを思いつくかぎりあげてみて、「いいね」「すごいね」ととにかくほめてみるのです。

すると、「たまにでも役に立ってくれてありがとう」「これがあるおかげで安心して生活できるんだな」という気持ちが湧いてきて、たんなる実用品だと思っていたモノに対しても少しずつときめきが感じられるようになってくるのです。

もちろん、どうしてもほめるところが見つからなかったり、ほめていても違和感があるのなら、ときめかないという心にしたがって潔く処分するのもオーケーです。

小物類の片づけこそ、あなたのときめき感度をググッと上げる大チャンス。

お世話になっている小物たちに日頃の感謝をこめて、ぜひていねいに向き合ってみてください。

★ **ときめかないけど必要なモノはとにかくほめまくる。**

37 ＣＤ・ＤＶＤ類を片づける

小物類を片づける順番は自由というのが基本ですが、一番最初に選ぶことが多いのは音楽ＣＤや映画やドラマ等のＤＶＤ類。本類や書類と同じ「情報系」のモノなので、その流れで選びやすいのです。基本通り一か所に集めたら、一つひとつ手にとって、ときめくモノだけ残していきましょう。

「パソコンにインストールしてから処分しよう」と思うモノは、書類の片づけのときにつくった未処理ボックスへ。「ジャケットが大好きで、置いてあるだけでときめく！」モノは堂々とそのままとっておいてください。

恋人や友人にもらった思い出系にあたるＣＤも出てくるでしょうが、「こんな曲聴いていた時代もあったなあ」くらいの思い出であれば、その場で懐かしさを味わい、感謝をこめて処分して、さくっと次にいきましょう！　間違っても片づけの途中で音楽を聴いたり、ましてやＤＶＤを観たりしないでくださいね。

★ **片づけの途中で、CDやDVDの**
中身をチェックしてはいけない。

38

道具系の文房具の片づけと収納のコツ

文房具をさらに細かく分けると、道具系と紙系、手紙系がありますが、まずは文房具代表、道具系から。道具系とは、ペン類のほかはハサミやホチキス、定規などの「減らないモノ」と考えてください。しばらく使っていないペンは、まずは書けるかチェック。ノベルティでもらった、ときめかないモノはこの際、処分しましょう。

文房具はあらゆるモノの中で一番の「仕切られたがり屋」。種類が多く、素材も大きさもバラバラなモノが多い多国籍なカテゴリーなので、引き出しの中にガサッとそのまま入れようものならたちまちザワザワしはじめるのが「彼ら」です。カチカチと四角い箱で仕切っていくほうが喜びます。鉄則は立てること。とにかく細かく仕切りながら、立てて収納していくとうまくいきます。ホチキスの芯の箱、消しゴム、シャープペンシルの替え芯といった小さな文房具は、ピアスや指輪などアクセサリーの外箱くらいのサイズのモノで仕切ってあげると落ち着きます。

道具系の文房具の片づけ

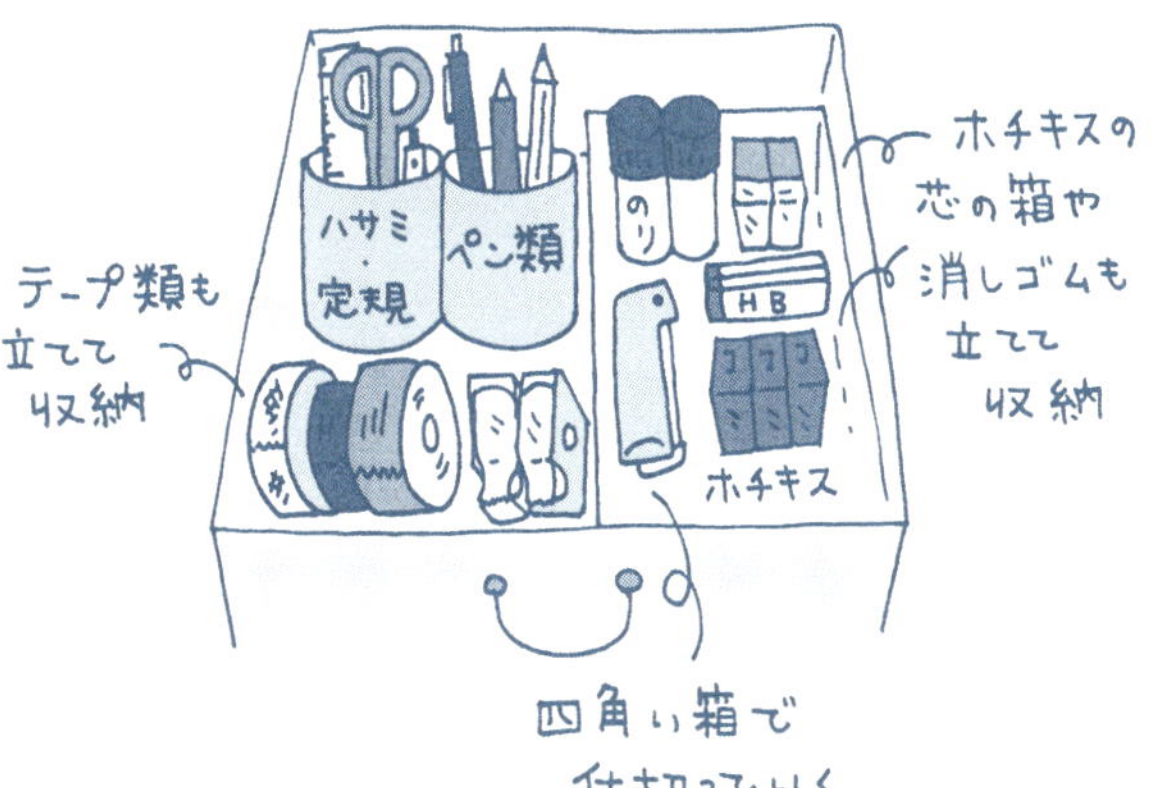

★ **文房具は四角い箱で細かく仕切り、「立てて収納する」といい。**

39 紙系の文房具の片づけと収納のコツ

紙系の文房具とは、ノート・メモ帳・付箋（ふせん）・ファイルなど紙でできているモノのほか、クリアファイルやバインダーなどの紙をまとめるファイル類も含みます。

途中まで使って白紙ページが残っているノートが大量にある、なんてことありませんか？　新しいことを始めるときは、新しいノートを使いたくなるもの。今でもときめくモノを除いて、お役目終了のノートはきちんと処分しましょう。

なんとなくたまっていく文房具代表、クリアファイルの片づけも忘れずに。ちなみに最高四二〇枚のクリアファイルがおうちから出てきたこともありましたが、その方は会社に寄付していました。

収納するときは、紙っぽいモノ同士ということで書類の隣を定位置にするのが定番です。メモ帳や付箋などの小さなモノは、小さな箱に立てて収納した状態で棚に置くとスッキリします。

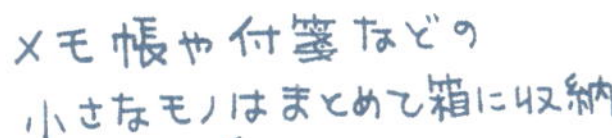

★ メモ帳や付箋も小さな箱に立てて収納する。

40 手紙系の文房具の片づけと収納のコツ

手紙系の文房具とはその名の通り、ポストカードや便箋、レターセットなど。そのほか、シールやスタンプなどお手紙を書くときに必要なモノも一緒に片づけてしまってオーケーです。

「マメにお礼のお手紙を書ける人になりたいなあ」と思ってレターセットを買い込むものの、ついついタイミングを逃して、結局メールであいさつしてしまう、というのはかつての私の話ですが、結局ときめくアイテムでなければ、なかなかお手紙を書くモチベーションは上がらないもの。「ぜひ、これでお手紙を書きたい！」と積極的に思うモノだけ残していくのが鉄則です。旅行のときにノリで買った風景はがきは、「なんでこんなの、買ったんだろう？」と意味不明のモノも多いはず。もはやときめかなくなっていたら「思い出をくれてありがとう」といって処分。ただし、「人には出さないけれど、デザインが好き」なモノなら、捨てずに必ずとっておきましょう。

手紙系の文房具の片づけ

レターセット

一筆箋

ポストカード

ジャンルごとに
箱に立てて収納する

これで
お手紙を書きたい!
と思うモノのみ残す

★ ノリで買った風景はがきも
一枚一枚ときめきチェックする。

41 「電気っぽいモノ」を片づける

デジカメや携帯ゲーム機、パソコン、電子辞書など、とにかく「電気っぽいモノ」は、電気系小物のカテゴリーとして片づけをしていきます。

ただし、たとえばカメラが趣味で、大量のパーツがあるときなどは「カメラ系」としてオリジナルカテゴリーをつくり、あとから片づけてもオーケーです。

古い携帯電話もためてしまいがちな電気系小物の一つ。ちなみに私のレッスンではこれまで最高一七個の歴代の携帯電話が出てきたことがあります。

「携帯電話に思い出があって捨てられない」という場合は、思い出品のカテゴリー扱いで判断はあと回し。「中の写真データを移したい」という場合は、携帯電話ごと未処理ボックスへ入れてしまいましょう。もちろん、あとできちんと処理するのをお忘れなく！　携帯電話やパソコンを処分するときは、家電量販店や各携帯ショップの回収サービスを利用する手もあります。

ときめくかしら？

★ **携帯電話の写真データは「あとで移す」でオーケー。**

42 コード類を片づける

電気系小物の代表といえば、コード類。ごちゃごちゃからんでダマになっていることもしばしばですよね。

ほかにも、処分したカメラや携帯電話の充電器、残っていませんか？付属品のイヤホン、そんなに必要ですか？

ビニール袋に入ってひとまとめになっているモノも、必ずほぐして一本ずつチェックしていきましょう。

コードの片づけをしていると必ず見つかるのが、用途不明の「謎コード」たち。こればっかりは未処理扱いであと回しにはせずに、その場で確認するのがポイントです。先に電化製品の本体の片づけが完了していれば、コードの照合はグッとラクになっているはず！　この時点で「これはいったい、何のコード？」と思うような謎のコードは潔く「全捨て！」でいきましょう。

★ 用途不明の「謎のコード」は「全捨て」で問題なし。

43 メモリーカードや乾電池を片づける

「電気っぽいモノ」というのは、なんとなく、そんな香りがするモノという意味。電気特有のプワンとした、ピリピリした香りを感じるモノたち。そんな感じを手がかりに残りの電気系小物を探してみましょう。

メモリーカード、USB、DVDの空ディスク、プリンターのインクパーツ、乾電池のほか、美容やダイエット用の機器などもこの流れで片づけてしまってオーケーです。コンセントに大量のコードが差しっぱなしだったり、電気器具がかなり多かったりするおうちにうかがうと、玄関に入った時点からなんとなく電気の「ピリピリ感」が漂っているのを感じます。

その空気感が、いつのまにか体にも移ってしまうのかもしれません。

「電気っぽいモノ」を一気に片づけると……、あら不思議、なんだか体が軽くなってきませんか?

★「電気っぽいモノ」を片づけると体が軽くなる。

44 アクセサリーをＶＩＰに収納する

アクセサリー収納の基本の型は、三種類あります。

①引き出し収納（ドレッサー、タンス、チェストなどの引き出しに収納する）

②箱型収納（ジュエリーボックスやバニティポーチなどにまとめる）

③オープン収納（見せながら収納する）

収納のポイントは、ズバリ見た目の美しさです。

アクセサリーはプライドが高く、ＶＩＰ扱いが必要な、いわば小物界の女王様。働いている間、私たちを輝かせてくれるのがお役目の彼女たちは、寝ている間も美しくないとやっていられないのです。

収納を開けるたびにときめくような、お店のディスプレイのような感じできれいに並べて収納しましょう。「身につけるのは飽きてしまったけど、チャームの部分にはときめく！」場合は、そのパーツだけとっておく、というのもオーケーです。

★ **アクセサリーは、プライドの高い小物界の女王様である。**

45

ヘアアクセサリー活用術

アクセサリーの流れでそのまま一緒に片づけてしまうことが多いのは、ヘアアクセサリー類。「もう髪にはつけないけれど、このキラキラモチーフの部分は好き」というモノは、捨てずに活用しましょう。ハンガーの首につけたりカーテンのタッセルにつくりかえたりして、オリジナルのときめきグッズをつくるのも楽しいですね。

収納するときも、アクセサリーと同じく見た目を重視。ヘアクリップやシュシュなどアイテム別に仕切ってあげるとスッキリします。数が多くなければ、仕切らなくてもオーケーです。

46 ネクタイを片づける

ネクタイは、男性にとってアクセサリーのようなモノ。収納するときは見た目が美しく、着けるモノを選びやすいようにすることがポイントです。

収納法の一つが、「かける収納」です。ネクタイハンガーを使うか、なければふつうのハンガーに並べてかけるか、クロゼットの扉の内側にポールがついていれば、それを活用するか。

もう一つが、「巻く収納」。くるくる巻いて、引き出しに並べます。のり巻き状（渦巻きが見える）で並べるのも、ロールケーキ状（渦巻きが見えない）で並べるのも、どちらでもオーケーです。

47 メイクアップ用品を収納するコツ

メイクは女性にとって、ときめき力をアップさせる大事な儀式。残すモノ選びは厳しめに、が正解です（古いモノや趣味に合わないモノは潔く処分！）。

一番簡単な収納法は、マスカラやアイブロウ、メイクブラシなどスティック状の「立てて収納するモノ」と「それ以外」でざっくり分ける方法。

メイク用品が多い場合は、ファンデーションなどのベース系、アイシャドウなどの目元系、眉系、リップ系……とパーツごとに分け、仕切って収納します。

メイクアップ用品の収納のコツも、じつは見た目。アクセサリーと同じようにきれいに並べて収納すると、メイク時のときめき度は急上昇。ブラシスタンドや仕切りには、ときめくけれど出番の少ない箱やグラスを利用しても素敵です。そういえば以前、年賀状を書く際にチークやアイシャドウをパステルカラー代わりに指にのせて使っていました。ときめくけれど出番のないアイシャドウなどがあれば、お試しください。

★ **メイクは女になる儀式、残すモノは厳しめに選ぶ。**

48 スキンケア用品の片づけと収納のコツ

スキンケア用品は水モノなので、鮮度が命。適正な期間できちんと使いきることが、お肌のお手入れタイムのときめき度アップの秘訣(ひけつ)です。

旅行用にとストックしてあるサンプル品は、実際に前回の旅行で持っていったか冷静に思い出してみましょう。ふだん使っているモノと同じ商品ならば、いっそのこと開封して、今使っているボトルに加えてしまうのも一つの手です。

顔にはもうつけないけれど捨てられないモノは、ボディケア用に贅沢に使うのがおすすめ。この場合もしまい込まず、必ず「今日」から使いはじめましょう。

収納場所は、洗面所が定番です。アイテム数が多くない場合は、そのまま一か所に収納してしまうのが一番簡単。サンプル用品やチューブ状のアイクリームなどのこまごまとしたアイテムは、小さめの箱で仕切るとスッキリ。一か所に入りきらない場合は、毎日必ず使うレギュラーアイテムとそれ以外に分けてしまうのもオーケーです。

すべてのスキンケア用品を
集めてときめきチェック！

サンプル品は
すぐ使うか捨てる

こまごまとした
アイテムは
小さめの箱で仕切る

スキンケアの
収納場所は
洗面所が定番！

★ **スキンケア用品は鮮度が命、適正な期間で使いきる。**

49 貴重品類を収納するコツ

貴重品類とは、通帳や印鑑、クーポン券や商品券、外貨や現金も含むいわゆる「カネメのモノ」と、クレジットカードやポイントカード、診察券やショップカードなどの「カード類」（カネメのモノとは少し違いますが）、そしてパスポートや年金手帳などの「公的証明書」を指します。

残すモノを選ぶ基準は、これはばっかりはときめきよりは実用性が優先です。

使用期限の切れてしまったモノを捨て、換金したいモノは未処理ボックスなどにいったん入れ、後日きちんと金券ショップなどに持っていきましょう。

プライドが高い貴重品たちの収納には、できればきちんとしたタンスの引き出しや木の箱などを使うのがしっくりきます。カード類を収納するときは、名刺サイズの箱などに立てて入れる方法がおすすめです。印鑑と通帳が同じ収納場所だと防犯上心配な方は、適宜どちらかを分けて収納してくださいね。

貴重品の収納

"カネメのモノ"は
木の引き出しや木の箱に収納

ポーチにまとめて
コンパクトに収納してもオーケー

★ **貴重品類は、ときめきよりも「実用性」を優先する。**

50

「毎日持ち歩くモノ置き場」をつくる

あなたのバッグは、毎日きちんと休めていますか？　もし、いつでもモノが入りっぱなしの状態であれば要注意。バッグは予想以上にお疲れかもしれません。

ポーチ・定期入れ・社員証など、つねに持ち歩いているモノをまとめて収納する「毎日持ち歩くモノ置き場」をつくって、バッグは空にして休ませてあげましょう。

場所は、玄関からバッグの収納場所までの間であればどこでもだいじょうぶ。仕切りつきのインナーバッグを使っている場合は、それを置く定位置を決めるだけでオーケーです（ただし、インナーバッグもたまには空にしてあげましょう）。

ちなみに私はこの習慣を始めた直後、ほとんど空っぽのバッグを持って出かける、なんて失敗を連発していました。が、しばらくすると持ちモノへの意識が高まって、むしろ忘れモノは激減。余計な持ちモノが減って、バッグも軽くなりました。

同じ失敗をしてしまった方も、めげずに続けてみてくださいね。

"バッグは毎日
空にする"

バッグを
休ませてあげましょう

バッグ収納場所の近くに
「毎日持ち歩くモノ置き場」
をつくる

ポーチ
定期入れ
社員証
など

★ バッグはお疲れなので、毎日、
空っぽにして休ませてあげる。

51

お財布を「ＶＩＰ扱い」で収納する

毎日使っているお財布こそ「ＶＩＰ扱い」で収納する必要があります。

お財布の中身であるお金は、たくさんの人の手を渡り、いろんな思いをこめられながら使い回され、つねにクタクタです。そんなヘビーな思いをしているお金たちを笑顔で包み込むお財布こそ、予想以上に疲れているのです。

たとえば私のお財布収納法はこう。お財布をまず布（お財布のお布団です）にくるんで、さらに箱に入れてから、引き出しにしまいます。布にくるむときに金運アップに効きそうなパワーストーンをいっしょに入れたり、収納しながら「今日も一日お疲れさまでした」なんて声をかけてねぎらったりすれば、完璧です。

ここまでせずとも、自分なりにほかのモノより少しだけ特別扱いしてあげることを意識してお財布の定位置をつくってみてください。お財布を大切に扱うことで、お金を出すたびに感謝の気持ちが湧き、お金の使い方まで変わってしまうのです。

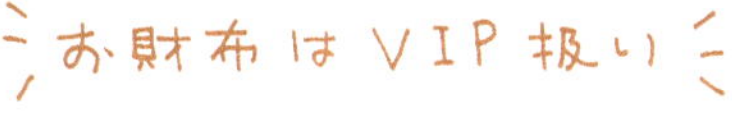

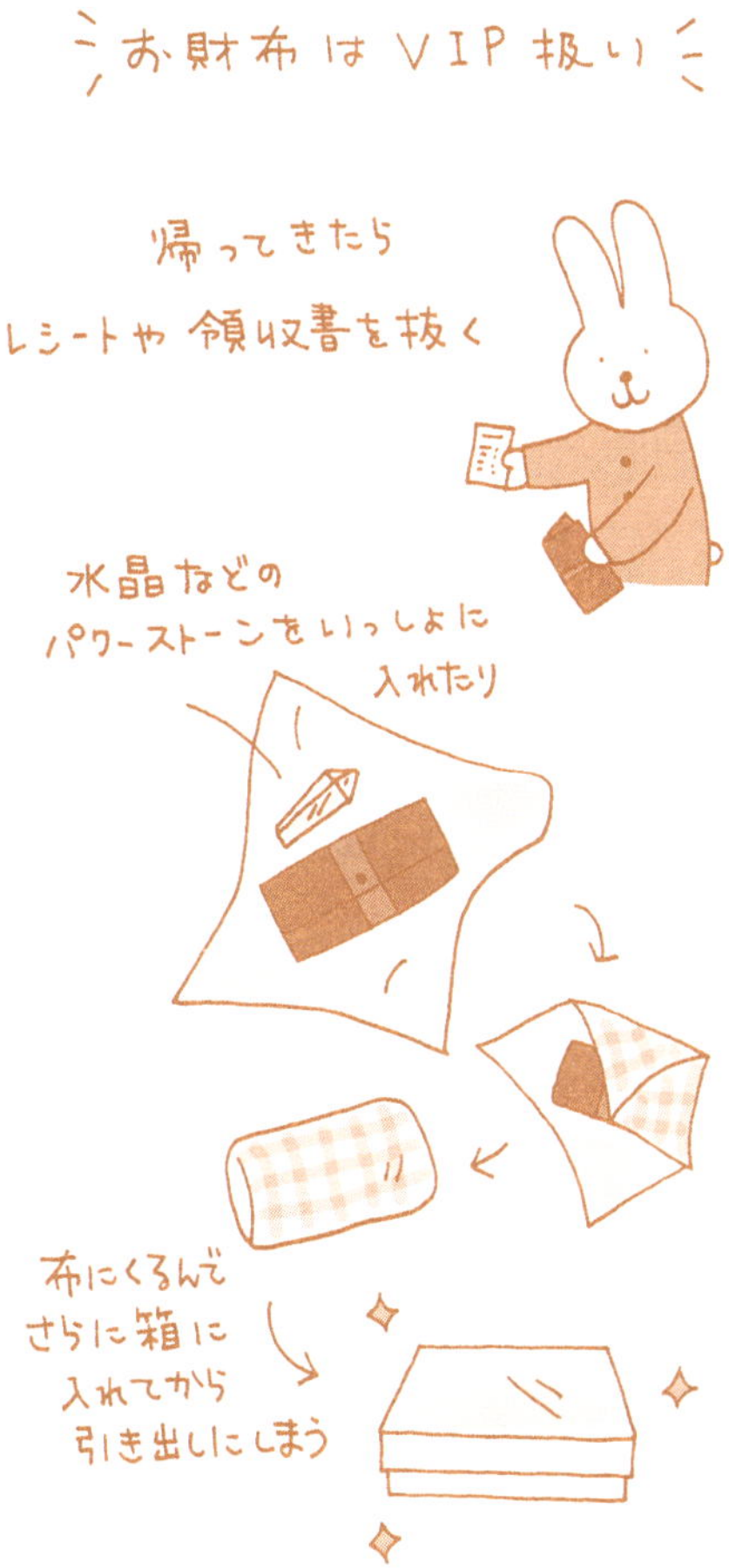
お財布はVIP扱い
帰ってきたら
レシートや領収書を抜く
水晶などの
パワーストーンをいっしょに
入れたり
布にくるんで
さらに箱に
入れてから
引き出しにしまう

★ 一日の終わりに、お財布に
「お疲れさまでした」と声をかける。

52

お守り類を「マイ神棚」に飾る

お守りは種類によりますが、授かってから一年以上経過したモノは神社に返してお焚(た)き上げしていただくのが一般的です。返す場所は必ずしも授かった神社でなくてもだいじょうぶ。ただし、神社のお守りは神社に、お寺のお守りはお寺に返しましょう。

持ち歩ききれないお守りがあれば、「マイ神棚」をつくって飾るのがおすすめです。「マイ神棚」とは、目線より高い位置（本棚の一番上の段やタンスの上など）に定位置をつくり、仏像やマリア様像やパワーストーンなど、「なんとなく神聖な感じのするモノ」を集めて飾る方法です。神棚といっても本格的なものではないので、尊敬している人からもらったモノや、大好きな芸能人のグッズなど、自分が特別に敬いたいと思えるようなモノなら何でも飾ってオーケーです。

お守りを飾るときは、できればシャキッと立たせた状態で。こまごましたモノが多いなら、小皿や浅めの箱などにまとめながら飾ると、スッキリとします。

お寺

神社のお守りは神社に
お寺のお守りはお寺に返す

お気に入りを一か所に集めて
"マイ神棚"をつくる

★ なんとなく神聖な感じのモノは「マイ神棚」をつくって飾る。

53

薬類を片づける

お薬は、なんだか永遠に使えそうな気がしてしまいますが、そんなことはありません。あなたの薬箱の中にも、使用期限がとうの昔に切れてしまったモノがあるはず。以前、二〇年以上前の正露丸を発見したことがありますが、そのにおいは衝撃的でした。とにかく、期限切れのモノといつ処方されたか思い出せない古い薬は処分しましょう。

収納は、立てられるモノは立てて薬箱などにしまうのが一般的ですが、残した薬の量が少ない場合、余ったポーチにまとめて入れるだけの簡単収納でもオーケーです。

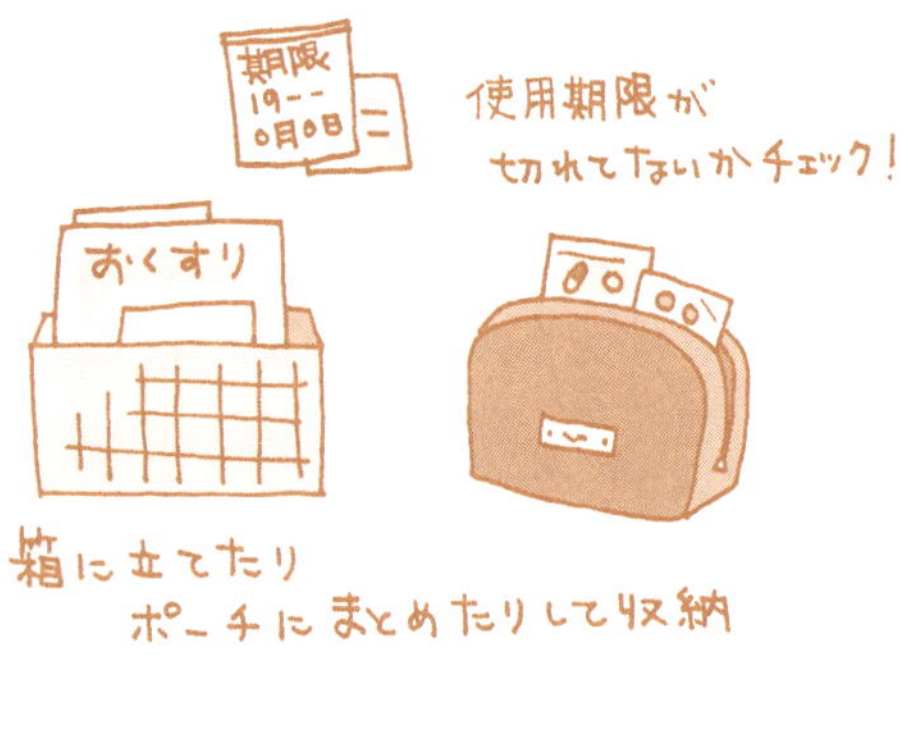

54

裁縫道具を片づける

ここで質問。あなたの裁縫道具の使用頻度はどれくらいですか？

「この一年ほとんど裁縫箱を開けていない」「小学生時代の裁縫箱をそのまま使っている」という方に多いようですが、裁縫箱の中に絶対に使わないのになんとなく入ったままのモノはありませんか？　たとえば、なぜかチャコペンや指ぬきがいくつもあったり、何かをつくったときの切れ端のフェルトが詰め込まれていたり。

やらなきゃと思いつつ放置していたボタンつけなどは、ここですませてしまうのもおすすめです。

ときめくモノだけ残して
かわいい箱に入れ替える

55

癒し系グッズを片づける

癒されたい人が増えているのか、一人当たりの平均所持数が年々増えているのが、キャンドルやアロマオイルなどのアロマ系グッズ。マッサージやツボ押しに使うグッズなどといっしょに「癒し系」カテゴリーとして一気にときめきチェック。古いアロマオイルや好みではなかったお香などはきちんと処分しましょう。

収納するときのポイントは、癒し系グッズそのものが癒されている状態にすること。ラタンのカゴなどできるだけ天然素材の箱や仕切りを使うと、癒し効果も倍増すること、間違いありません。

56

工具類を片づける

工具類といえば、ドライバー、金づち、のこぎりといった道具のほか、釘やネジ、家具を買ったときについてきた六角レンチや付属のキャスター、用途不明のビスやネジなどがあげられます。ざっと確認して必要な分だけ残しましょう。

工具類はとてもタフな性格なので、収納に細かいルールはありません。ザクッとひとまとめにしたら、空いているスペースに収納してしまいましょう。ちなみに私は、工具類は極限まで減らして、余ったポーチにひとまとめにして棚にそのままポンと収納しています。

57 冠婚葬祭用品を片づける

このカテゴリーはその名の通り、数珠やふくさなど、おもに冠婚葬祭のときにしか使わないモノを指します。もともと数が少ないので捨てることはあまりありませんが、まずは一か所に集めて存在を確かめてみましょう。そのうえで、古すぎて変色してしまったふくさは処分。古い数珠もお寺に納めるなどして処分しましょう。

一般的に使用頻度が低く、量も少ないので、収納するときはその他のモノとセットにして収納するのがおすすめ。収納の奥の空いているスペースに入れてしまう方法でもオーケーです。

一か所に集めて冠婚葬祭グッズの存在を確かめる

58

習い事系小物を片づける

趣味といったら習い事。習字・フラワーアレンジメント・フラダンスなど、道具がたくさん必要な習い事もけっこうありますよね。

習い事が一つであれば、たとえば「習字系」カテゴリーなどとして収納場所をつくります。習い事をたくさんしている方なら、いっそのこと「習い事系」としてまとめてしまう手もあります。

昔やっていた習い事だけど今はすっかりご無沙汰という習い事系のモノは、ときめきチェックのうえ、思いきって手放してみましょう。びっくりするほど心が軽やかになること、間違いなしです。

59 コレクショングッズを片づける

キャラクターや芸能人のグッズ、特定のモチーフなど、そのジャンルのモノであれば無条件で集めてしまう、コレクション系の小物たち。買ったまま段ボールに入っていたりして、まるでときめかないモノのような扱いになっていませんか？

コレクション系の小物の片づけはたいてい時間がかかるので、一番大事なことは、ズバリ時間を確保すること。丸一日は片づけに費やす覚悟で臨みましょう。

方法は基本の通り。すべてを一つずつ必ず手にとって、ときめきチェックをしてみてください。

捨てるなんてとんでもない！　と思っていても、あらためて触っているうちに「これはもういいかな……」と思えるモノが数個以上はあるはずです。

ときめくモノを選んだら、自分なりにジャンル分けがある場合はきちんと分類して、あらためて最高にときめくディスプレイをつくってあげてくださいね。

★ コレクショングッズの片づけは
丸一日かけるくらいの覚悟で。

60

「なんとなく小物」を片づける

「なんとなく小物」とは、たとえば腕時計を買ったときに余った金具、髪からはずしてそのまま放置してあるヘアピン、洋服の予備のボタン、古い携帯ストラップやキーホルダーなど、「なんとなく」とっておいてしまいがちなモノのことです。

たいていの場合、全捨てになることが多いのですが、残しておくモノを収納するときは、性質がなんとなく近いモノたちといっしょにしましょう。

たとえば、ヘアピンはヘアアクセサリーと、ボタン類は裁縫グッズというふうに。居場所がなくて不安そうだったモノも、きちんと仲間のところに戻してあげると、とたんに輝きを取り戻していきます。

玄関や棚、引き出しやカバンのポケットなどになんとなく放置されてしまいがちな小銭も、「なんとなく小物」の代表選手の一つ。これらは見つけしだい、お財布に入れてしまいましょう。「小銭を見たら、財布にイン！」が合言葉です。

★ 居場所がなくて不安そうなモノは
仲間のところに戻してあげる。

61

リネン類を片づける

リネン類は、家族暮らしの方やたくさんお持ちの方の場合は、小物のカテゴリーとして扱います。

ときめきチェックのポイントは、触るだけではなくにおいも嗅ぐこと！　交換の頻度が少ないと、予想以上ににおいが染みついているケースが多いようです。一番注意していただきたいのは、買いだめしたシーツなどがビニールのパッケージに入ったままの状態。ビニールの中で湿気がこもってカビてしまっていた例を何度目にしたことか。

そんな悲劇になる前に、今すぐパッケージを開けて使いはじめてしまうのがおすすめです。

62

タオルを片づける

引出物でもらったタオルが箱のまましまってあったりしませんか？　「バザーに出す」といいつつ置きっぱなしなら、今すぐ出して使ってしまいましょう。箱がなくなるだけでもカサが減って収納効率がグッとアップしますよ。

収納する場所は洗面所が定番ですが、スペースがなければクロゼットや押し入れの引き出しでもオーケーです。ちなみに「雑巾として使ったら捨てる用」のタオルを収納する場合も、袋にバサッと入れるよりもきちんとたたんで立てる収納を。枚数の管理ができて、過剰なストックを防げます。

63

ふとん類を片づける

枕や毛布のほか、座布団もあればこれらもいっしょに片づけます。ボロボロになってしまったり、去年使わなかったりしてときめかないモノは処分。次にチェックするのはお客様用ふとん。しまいっぱなしのお客様用ふとんがカビっぽくなっているケースが意外に多いのです。お客様が泊まりに来る頻度が少ないなら、この際、処分を。レンタルという方法もあります。

クロゼットに収納しきれないふとんがある場合は、たたんだふとんをむき出しにせず、お気に入りの布などでカバーをかけるのがおすすめです。

64 ぬいぐるみを手放すコツ

ぬいぐるみってどうしても捨てにくいですよね。その原因は「目」。目がついていることで視線が生じて、生き物っぽさを帯びてくるのです。

だから、私がこれらを捨てるときに気をつけているのは視線を隠すこと。目の部分を布などで覆う、もしくは紙袋などの透けない袋にぬいぐるみごと入れてから処分します。

それでも気になる場合は、「お清め」の意味をこめて袋の中に塩をひとふりすることも。要するに、少しだけ手をかけて、供養をするような気持ちで処分することでグッと手放しやすくなるのです。

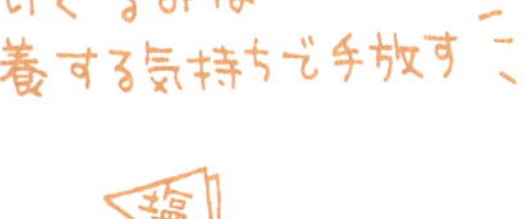

65 紙袋とレジ袋を片づける

ついためてしまいがちなモノの代表といえば、紙袋とレジ袋。この機会に、ストックの数を数えてみましょう。意外な多さにびっくりするかもしれません（これまでの紙袋ストックの最高記録は段ボール三箱分の一五五枚！）。

残したモノの量が多いか少ないかがわからないなら、この三か月でいくつくらいの紙袋を使ったか計算してみるのも一つの手。無意識に増えてしまうストックモノこそ、冷静に「数」を意識するとよいのです。

収納するときは「カサを減らす」「かたいモノに入れる」ことを意識します。

紙袋はファイルボックス（紙袋でもオーケーですが、かたいモノに入れたほうが増えにくい）などに入れて収納し、レジ袋は空気を抜きながらたたんで、洋服と同じように立てて収納すると過剰なストックを防げます。レジ袋をたたむのが面倒な場合は、小さめの箱にキュッと詰めて入れるだけでもオーケーです。

紙袋とレジ袋の片づけ

★ **無意識に増えがちなモノは冷静に「数」を意識する。**

66

レジャー用品を片づける

レジャーシートやちょっとした遊び用のバドミントンやボールなどから、スキーセット、スノーボード、つり道具、バーベキューセットなど大型のモノまで、レジャー用品は大きさもまちまち。

使用頻度は低くても、定期的に出番があるモノや見るだけでときめいてしまうようなモノは堂々ととっておきましょう。

レジャー用品をスーパーのレジ袋に入れると、モノの存在が「ゴミ化」して使用頻度がグッと減ってしまいます。せめてお気に入りのショップのレジ袋などに入れてあげましょう。

67 季節用品を片づける

季節の飾りモノといえば、ひな飾りや五月人形などの大物はもちろん、クリスマスやお正月などに飾るオーナメントやちょっとした置物など。「次のイベントのときにぜひ飾りたい！」と思うモノだけ残していきましょう。

残したモノはテーマごとに分類して収納していきますが、量が多い場合は箱や引き出しにラベルを貼るなどして、オンシーズンのときに飾り忘れがないよう、工夫が必要です。今の季節にぴったりの飾りモノがあれば、どんどんディスプレイしてしまいましょう。

68

防災グッズを片づける

ヘルメットや非常持ち出し袋、懐中電灯、ラジオ、簡易トイレのストックなど、非常時に必要となってくるこれらのグッズは、「片づけ祭り」の今が中身を総点検するチャンスです。

消費期限切れの非常食や医療品があったり、ラジオが壊れていたりしませんか？ よくあるのは、活用されていない防災グッズ。買ったままの家具の転倒防止用のグッズがあれば取りつけましょう。

非常持ち出し袋などの収納場所は、玄関近くの納戸や押し入れの一角が定番ですが、ご家族全員で収納場所を確認し合うことが大事です。

69

傘を片づける

雨傘、日傘、折りたたみ傘と用途に応じて家族の人数分の傘があれば、本来は充分のはず。

要注意なのは、ついついたまってしまいがちなビニール傘。時間がたつと、ビニールがくっついてしまったり黄ばんでしまっていたりすることが多いので、必ず一度広げてみることがポイントです。ちなみに以前、一人暮らしの方でなんと二一本のビニール傘をお持ちの方がいましたが、残念ながらほとんどが処分となりました……。

傘の片づけのついでに、レインコートを一緒に片づけてしまうのもオーケーです。

70

キッチン小物は三つに分けて考える

ときめくキッチンを実現するために、一番重視するべきなのは「掃除のしやすさ」です。棚などに収納できるモノはなるべく収納し、水まわりやガスコンロのまわりには何も置かず、使うたびにサッと汚れを拭きやすいキッチンを目指しましょう。

もちろん「モノが取り出しやすい」ことも大事ですが、手に届く場所にあれこれ置いてしまうと、いつのまにか水や油の汚れがこびりついてキッチンのときめき度は急降下。逆に、掃除がしやすくいつでもピカピカなキッチンをキープできるようになると、収納の中の道具を取り出す手間はまったく気にならなくなるのです。

とにかく細かいカテゴリー分けが多いのがキッチン小物の特徴ですが、本格的な片づけを始める前にキッチンの三大分類を覚えておくと便利です。

それは、つくる道具・食べる道具・食べ物の三種類。収納する際には、この三つが分散しないように意識します。

★ **キッチンは「掃除のしやすさ」が命である。**

71 調理用具類の片づけと収納のコツ

鍋やフライパン、土鍋などのほか、ボウルやザルなどの調理用具をすべてキッチンから出して広げましょう。床に広げるのが気になる方はテーブルの上に広げるか、下に新聞紙などを敷いてください。基本通り一つひとつ手にとって、ときめきチェック。

収納場所は、シンクの下が大定番。ボウル同士・鍋同士と、同じ形のモノはなるべく重ねて空間の高さを最大限に生かしましょう。システムキッチンで備えつけのフライパン立てなどがある場合は、そこにふつうにフライパンを収納します。

お玉やフライ返し、おろしがねなどの調理用具も同様にときめきチェック。

予備用としてパッケージに入ったままの調理用具があれば、この機会に今すぐ古いモノと取り替えてしまうのも一つの手。

調理用具の収納は、キッチンの引き出しの中に寝かせて入れるか、キッチンツールスタンドなどに立てて入れてシンクの下などに置くのが定番です。

調理用具の収納

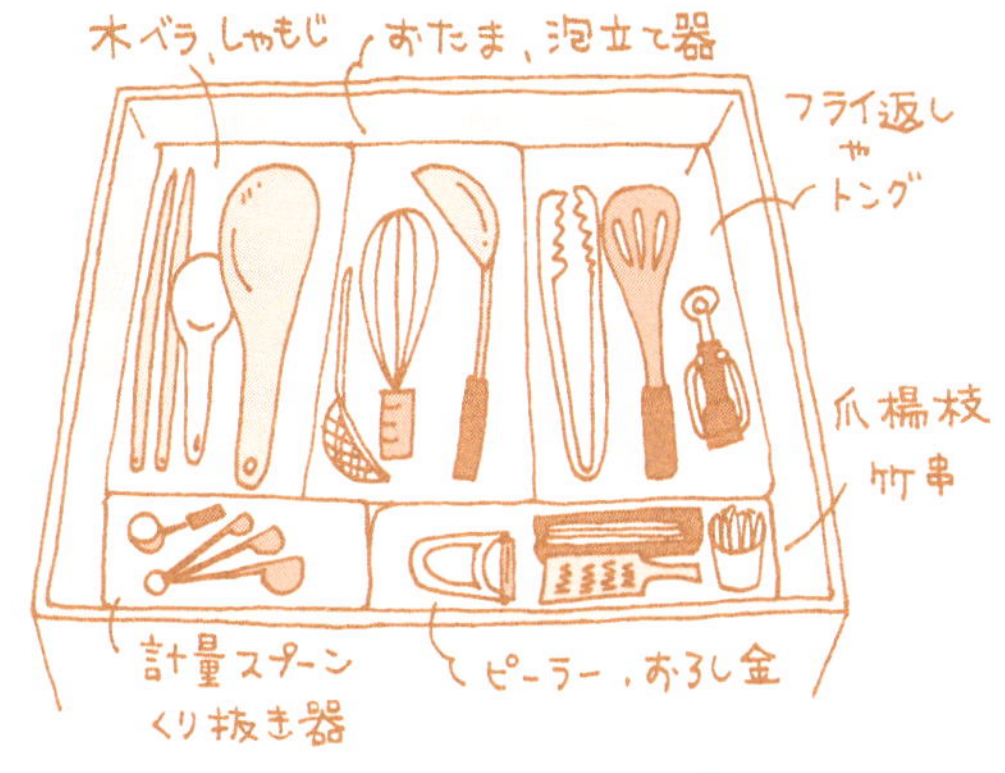

一つひとつ手にとって
ときめきチェック

同じ形のモノは
重ねて収納

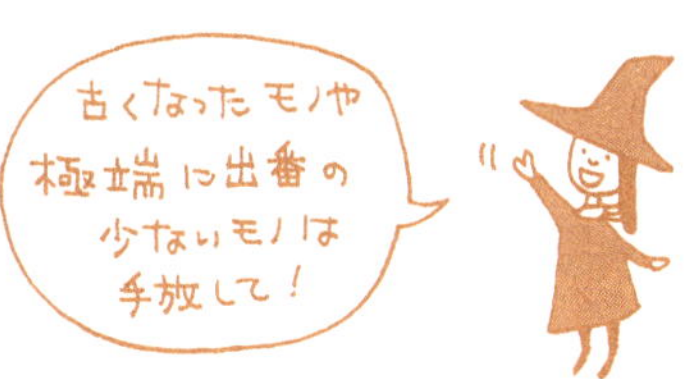

★ **予備用の新品があれば、今すぐ使いはじめる。**

72

調理家電を片づける

ホットサンドメーカーやワッフルメーカー、ミキサー、たこ焼き器などの調理家電を一か所に集めましょう（キッチン以外に置いてあることもあるのでお忘れなく！）。一時のブームで買って飽きてしまったモノ、何年も使っていないモノはありませんか？

最近私は毎朝ミキサーでグリーンスムージーをつくって飲んでいるのですが、毎日使っているモノでも棚に収納しています（炊飯器も同じく）。一見面倒くさそうですが、収納場所を決めてしまうと意外に手間に感じません。ぜひお試しあれ。

73 料理をしながら片づけるコツ

片づけの仕事をしている私がいうのもなんなのですが、料理ができあがるのと同時に、キッチンが片づいているという状態に非常に憧れます。

私の夫もよく料理をつくるのですが、料理ができあがる頃にはキッチンがいつもやたらと片づいている。いつキッチンを使ったんだと思うくらい、とにかくピカピカ。

それでいて料理の内容も「塩麹と酒に漬けた豆腐を炒めて……」とか「ココナッツオイルで焼いたバナナにバルサミコ酢を加えて……」と凝っていて、私の「掃除が簡単なようにノンオイルで。鍋一つで……」のような料理とは違います。

聞いてみると、コツは三点。必要な具材や調味料はあらかじめすべて出し、調理開始以降はムダな動きをなくす。不要になったモノはすみやかに戻す。そのとき調味料、食材、とカテゴリーごとにいっぺんに定位置に戻すと効率よし（片づけと同じですね）。そして油は調理直後にお湯で拭く、とのことです。よかったら、ご参考に。

74 食器を上手に収納するコツ

持っている食器をあらためて見直し、一つひとつときめきチェックをしていきましょう（食器の量が多い方は大変かもしれませんが、ついでに食器棚を一気に掃除できるチャンスです！）。収納は、グラスなどの「飲む系」とお皿などの「食べる系」にエリアを分けて、あとは同じ種類の食器はふつうに重ねていくのが基本です。棚板が足りない場合は、コの字ラックなどの収納グッズを活用してもオーケーです。

また、箱に入ったまま置いてある食器類はありませんか？

引出物でいただいたお皿セット、ワイングラスセットなどは、箱から出してふだんの食器と一緒に並べてしまいましょう。いただきモノの立派な食器も、箱に入ったままだと永遠に使う日はやってこないのです。

お正月用のお重やそばせいろセットなど、使う日が決まっていたり、季節ごとに毎回使う食器であれば、箱にまとめた状態で収納しても問題ありません。

「飲む系」と「食べる系」にエリアを分けて
同じ形の食器をひたすら重ねる

★ 箱に入ったままの豪華な食器は
永遠に使う日がやってこない。

75

カトラリー類を「VIP扱い」で収納する

お箸やフォーク、スプーンなどのカトラリー類を収納するときのポイントは、意識的に「VIP扱い」してあげることです。なぜなら、カトラリーは直接口の中に入るモノだから。下着と同様、使うときに「自分の体に直接触れるモノ」を「VIP扱い」することで、毎日のときめき度が上がってくるのです。

収納法としては、コップなどの筒状のケースに立てて収納してもオーケーですが、できれば引き出しの中でアイテムごとに仕切って、ゆったり寝かせて収納してあげるのが理想的です。

すべてのアイテムごとに、カトラリーケースで仕切ればパーフェクト。けれど、スペースに余裕がなかったり、一人暮らしの方でカトラリーの量がとくに多くない場合は、一つのカトラリーケースにふきん（ときめくハンカチでも可）を敷いて仕切りをつくり、いくつかの種類を一緒に収納するのもおすすめです。

カトラリー類の収納

★ **自分の体に直接触れるモノは**
「VIP扱い」するべきである。

76

食卓を彩る小物たちを片づける

あるお客様のおうちで、アクセサリーボックスの中から木製のナプキンリングがコロリと出てきたことがありました。「指輪には大きいしバングルには小さいし、何に使うんだろうとずっと前から疑問だったんです」といいつつ大爆笑するお客様。けれど、放っておかれたナプキンリングにしてみれば悲劇です。

ランチョンマットやティーマット、コースター、箸置きなど、必需品ではないけれど、使えば食事の時間をグンと豊かにしてくれる小物たち。これらをせっかくお持ちであれば、宝の持ち腐れにしないで、ぜひとも毎日使うことをおすすめします。

収納場所は食器かカトラリー類の近くが定番ですが、スペースが足りない場合は、キッチンか食卓に近い場所であればどこでもオーケー。

デザインの素敵な箸置きがあれば、収納は見た目重視が正解です。お店のように、引き出しを開けるたびにときめく感じで並べるか、見せる収納も素敵ですね。

★ **素敵な小物たちを宝の持ち腐れにはしない。**

77 タッパーや空きビンなどの保存容器を片づける

保存容器というのは、プラスチックなどの市販のタッパーはもちろん、ホーロー製の容器や、保存容器用としてストックしてあるジャムのビンや紅茶の缶なども含みます。

基本のときめきチェックももちろん大事ですが、ここでチェックしていただきたいのは、ストックの数です。冷蔵庫で今使っているモノも含め、持っている保存容器の数と、自分にとって必要な数を冷静に考えてみましょう。

量が多すぎると感じた場合は、古いモノを処分したり、四角い形の容器をキッチンの引き出しの仕切りに活用したりするのもおすすめです。

収納するときは、重ねられるタイプであればフタと本体は別々にして、本体は重ね、フタは立てて、まとめて箱に収めると収納効率がよくなります。

収納に余裕があったり、保存容器の中にホコリが入ったりするのが気になる方は、ごくふつうに本体にフタをした状態でそのまま棚に収納する方法でもオーケーです。

保存容器の収納

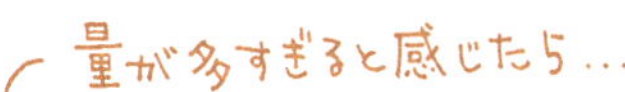

四角い形の
容器を
仕切りに使う

収納するときは

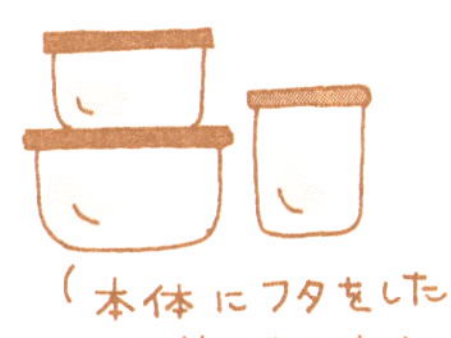

★ **自分にとって必要な数を冷静に考える。**

78

小さなキッチン小物たち

爪楊枝や竹串、大さじ、小さじ、栓抜き、缶切りなど、まだ手をつけていない小さめのキッチン用具もこの機会にどんどん片づけていきましょう。

同じモノが二つ以上あったり、ほかに多機能ツールを持っていてほとんど使わなくなってしまったモノは処分。

ただし、デザインが好きなワインオープナーなど、ときめくモノは堂々ととっておいてオーケー。

これらを収納するときは引き出しの中でしっかり仕切ることがポイント。空き箱や余ったタッパーなどからぴったりサイズの仕切りを探しましょう。

79

お弁当グッズを片づける

お弁当箱本体はもちろん、アルミカップやバラン、ピックなどの小物のほか、キャラクターのおにぎり型や海苔（のり）の型抜きなどのお弁当にしか使わないモノを集めて、一気にときめきチェックしましょう。

収納は、お弁当箱以外を引き出しの中に仕切って入れるのが定番です。一つのコーナーをつくってしまいましょう。

お弁当をつくる機会が少ない方は、「お弁当系グッズ」として箱などにひとまとめにして、棚の一角にしまうとよいでしょう。

80

製菓グッズを片づける

ケーキやクッキーの型などの製菓グッズたち。買ったはいいものの、ほとんど使わずに錆(さ)びてしまった、なんてモノなどがあれば、この際、処分。

問題は収納です。使用頻度が低いからといって、レジ袋にガサッとまとめて収納していませんか？多くの場合、お菓子づくりはどちらかというと趣味に近いモノ。そもそもときめきグッズなのですから、収納している間もときめいているかどうかがポイントです。ときめく箱や袋にまとめるか、棚に直接並べるなどして、スーパーのレジ袋だけは避けるようにしましょう。

81

使いきり系を片づける

ストローや割り箸のほか、プラスチックのスプーン、紙皿や紙コップなどのパーティで使うようなモノは「使いきり系グッズ」というカテゴリーで考えます。なんとなくストックしている割り箸も、アイスを買うとついてくるスプーンも、この機会に必要な量を見極めて、あとは思いきって処分するのがおすすめです。

タダでもらえる機会が多いだけに、いつのまにか増えてしまいがちな使いきり系グッズ。コンビニやスーパーでも、必要ないときには「いりません」とはっきりいうことも大事です。

82 食料品を処分する

キッチンの食料品を片づけるとき、冷蔵庫に入っているモノはひとまずは対象外として進めます。まずチェックするべきなのは、なんといっても消費期限（賞味期限）。とくに乾物は意外に消費期限が短いモノも多く、びっくりされる方が多いようです。期限切れのモノは迷わず処分するのが基本ですが、「缶詰なら二か月後までだいじょうぶ」というようなマイルールがある場合はそれでもオーケー。迷ったら、それを使って料理をすることにときめくかどうかで判断してください。

勢いで買ったものの飲まなくなったサプリメントや、なんとなく習慣でとりつづけている健康食品はありませんか？　自分の体に本当に必要かどうか、効いているかどうか、考え直してみるチャンスです。

ストックしすぎたモノや大量のもらいモノなど、どうしても消費しきれない食品があるときは、近所の方におすそ分けしたり、寄付をしたりするのも一つの手です。

食品をカテゴリー別に分ける

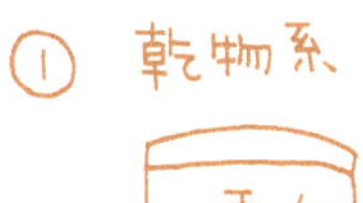

③ 缶詰

消費期限
（賞味期限）をまずチェック！
マイルールがあるときは
それでもオーケー

★ **期限切れのモノは迷わず処分する。**

83 食料品を収納する

収納する場合は、カテゴリー別に分け、立てられるモノは立てて収納し、引き出しを開けたときにひと目でどこに何があるのかわかるような状態にしましょう。

基本的な食料品のカテゴリー分けは、調味料、乾物、炭水化物系（米・パスタ・そば・うどん等）、缶詰、レトルト、お菓子、パン、サプリメントとなります。

見た目にこだわるなら、乾物などはおそろいのキャニスターに詰め替えると、ときめき度が急激にアップ。いただきモノの箱入りお菓子は、中身が個別包装なら箱から出してしまうとカサを減らせます。

あとはまとめることをおすすめします。たとえば、小袋入りの調味調を使う機会が少ないなら、開封してビンなどにまとめる。白米と一緒に炊き込んで使う雑穀を「ついついご飯に混ぜるのを忘れてしまいがち」なら、米びつの中に今すぐ入れて混ぜてしまう。ちょっとしたことですが、食料品を上手に収納できます。

食料品の収納

ひと目で
わかるようにスッキリと

立てられるモノは
立てて収納

乾物

カレー

袋モノ　箱モノ　缶詰

袋から出して収納

おそろいの キャニスターに
詰め替えるのもときめきポイント♪

☆日本の収納アイデアはすごい!!
楽しんでやっているところもグッド☆

米びつに
雑穀米を
まぜる

米

★ おそろいのキャニスターに詰め替えると、ときめく。

84 余った食材を活用する

消費期限（賞味期限）切れが近い食料品を大量に発見したら、一気に使ってしまう日をつくりましょう。名づけて「ギリギリ食品一掃キャンペーン」。

カレーにひじきを入れる、切り干し大根をケチャップで味つけしてみるなど、これまでなかった組み合わせで新メニューに挑戦したりするのも楽しいものですね。

そのほか、飲みきれない日本酒をお風呂に入れて酒風呂にするのもおすすめです。

余談ですが以前、片づけレッスンで大量の賞味期限切れの食品が出てきたとき、お客様の口から出てきた言葉にびっくりしたことがあります。

「明日、彼が来るので全部使います！」

もちろん彼女に悪気があるわけではなく「意外とだいじょうぶですよ」と笑顔です。

実際、後日聞いてもまったく平気だったそうですが、期限が切れてしまった食品に関しては自分の嗅覚（きゅうかく）に責任を持って活用してくださいね。

★ **古い日本酒は捨てずに酒風呂にする手もあり。**

85

飲料品を片づける

「そのまま系（ビンや缶、パックに入ったジュースなど）」と、「乾燥系（紅茶・緑茶などの茶葉や、溶かして飲む顆粒状のドリンクなど）」の二種類で考えます。

まず、チェックするのは消費期限。とくに「そのまま系」は水分を含んでいるのでいたみやすく、期限切れのモノはすみやかに処分しましょう。

「乾燥系」は、期限が切れてしまったモノは茶香炉や消臭剤、スモークベーコンをつくるときのチップとして使うなどの方法もあるので、いろいろ調べて有効活用するのもおすすめです。

飲みモノは大きく分けて二種類

そのまま系

乾燥系

お茶

TEA

いたみやすいので
期限切れならすぐ処分を

86

冷蔵庫の中を片づける

まずは冷蔵庫の中身をババッと見て、期限切れのモノがあれば即処分。冷蔵庫は例外で、中身をすべて外に出す必要はありません。

ドリンク立てのすき間にたまりがちな小袋の調味料類（砂糖や納豆のからしなど）は、使わないモノは処分し、残すモノは小さめの箱やタッパーなどにまとめるとスッキリします。

収納のポイントは三割ほどの空間を空けておくこと。その日の余りモノや急ないただきモノの収納に活用します。カテゴリーごとに収納し、どこに何があるかひと目でわかる状態にしましょう。

冷蔵庫の収納ポイントは三割空けること

87 キッチンで使用する消耗品類を収納するコツ

ラップやアルミホイル、オーブンシート、キッチンペーパーなどの収納場所は、吊り棚の下段か、シンク下に立てるか、キッチン家具の側面などに貼りつけるグッズを使って定位置をつくるのが定番です。ジッパーつき保存袋が何箱かあって外箱がかさばる場合、中身を一つの箱にまとめたり詰め替えたりすると、収納場所を節約できます。

消耗品は、商品の文字が見えてしまうと生活感が出すぎてしまうことも多いので、なるべく見えない状態で収納するのがキッチンのときめき度を上げるコツ。ストックが多くてキッチンに収納しきれないなら、小物類の「ストック品」というカテゴリーをつくって納戸などキッチン以外の場所に収納しましょう。

コンロの油はね防止パネル、食器棚に敷く傷防止シート、換気扇フィルターなどは、ときめかないなら一度外してしまうのも一つの手。一見便利そうなグッズも、なんとなく使っているのか、本当に効果があるのか見極めていきましょう。

キッチンで使う消耗品

・ジッパーつき保存袋

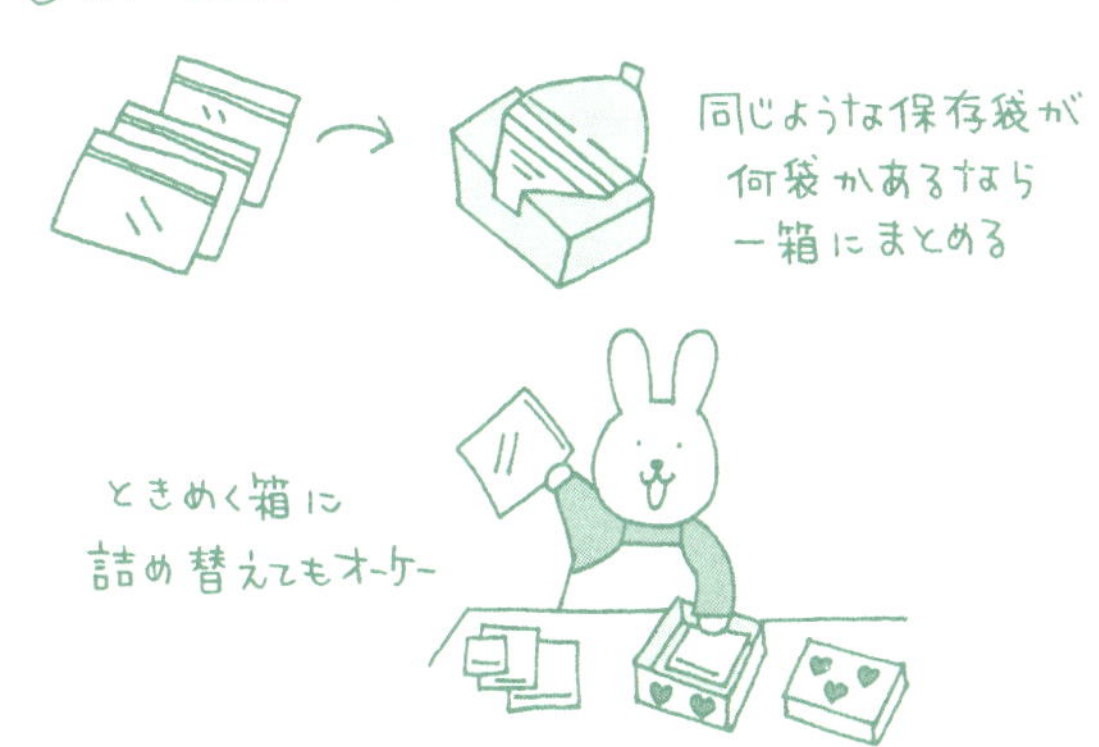

・ラップ、アルミホイル
オーブンシート、キッチンペーパー など

★ 商品の文字が見えないように収納する。

88 キッチン用の洗浄用品を収納するコツ

洗剤・スポンジ・クレンザーなどのキッチン用の洗浄用品は、ひとまとめにしてシンク下に収納するか、収納の扉の内側にカゴをつけて収納するのが定番です。

スポンジも洗剤も、キッチンの水まわりには基本的には何も置きません。

こういうと「スポンジも濡れたまま収納してしまうのですか」と聞かれることも多いのですが、いえいえ、ふつうにしっかり乾燥させてから収納します。

コツは、スポンジを使ったあとはギュー ッと気合いをこめて水気を絞りきること。完全乾燥させる意気込みで絞ると意外とすぐに乾くものです。乾くまでは水がかからない場所に立てかけるなり、ぶら下げるなどして、乾いたらすぐにしまって水まわりを定位置にしない、という考え方です。ただ、スポンジがフル稼働で乾かす暇が本当にない場合、スポンジ収納はあっさりあきらめ、洗剤だけ収納するのも一つの手。とにかく、水まわりに水アカができる要因を極力なくすことが重要なのです。

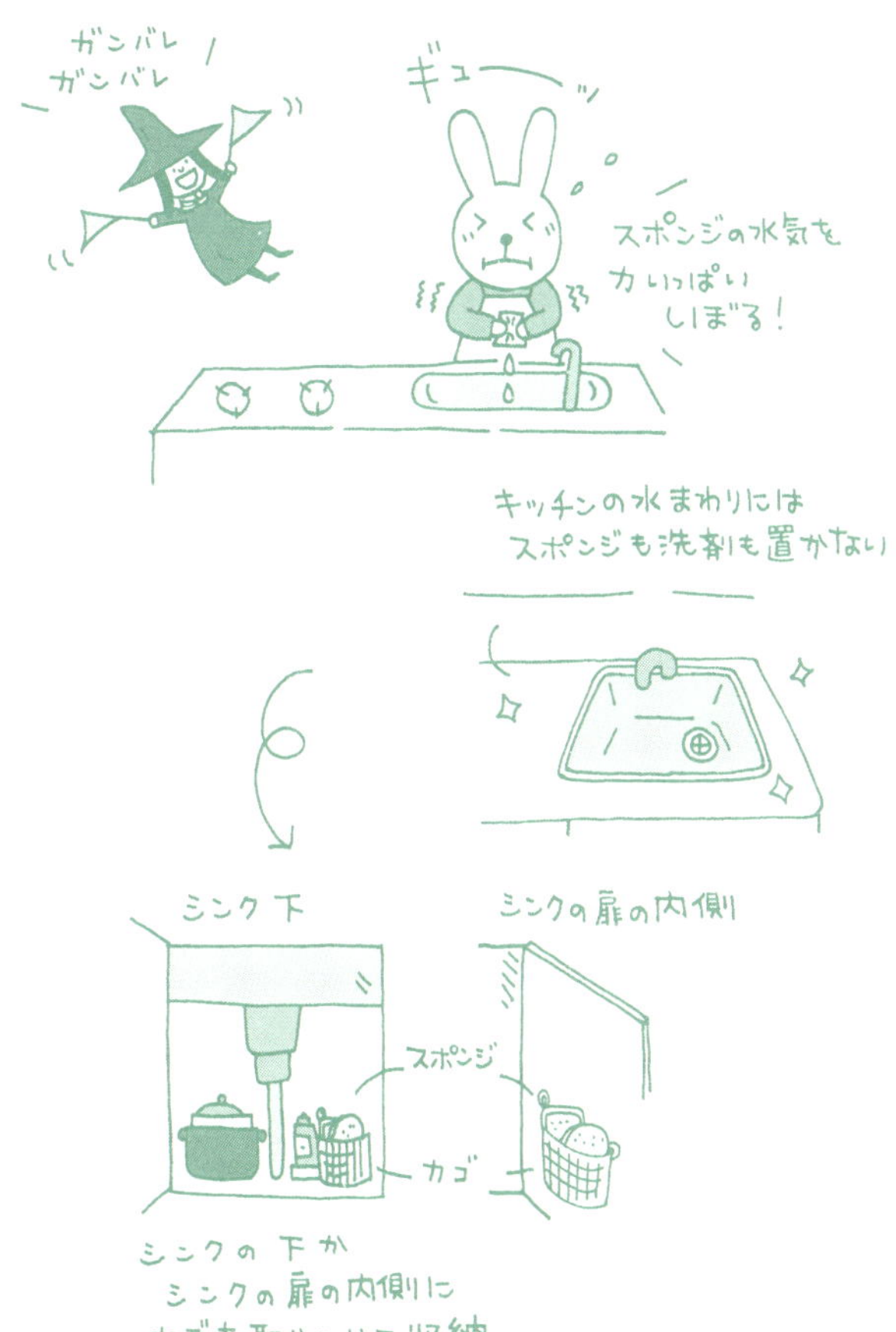

★ **スポンジは気合いをこめて、水気を絞りきる。**

89

キッチン収納を工夫する

キッチンの収納も、基本はやはり「同じカテゴリーは集中させる」ことです。これまでご紹介したカテゴリー分け以外にも「パンづくりの道具系」「たこ焼きパーティ系」など、マイカテゴリーをつくってしまってもいいですね。

収納場所はボリュームが大きいモノから決めていきます。食器棚があれば、まずは食器を収納し、調理器具・調味料……と順番に収めていきましょう。

おすすめは、シンク下には鍋などの調理器具、ガスコンロ下には調味料や食料品を収納する方法。シンク下のほうがガスコンロ下よりもなんとなく湿気が多く、乾物などの食料品には適さない感じがするから。シンク下やガスコンロ下収納は、高さを生かすことを意識しましょう。コの字ラックや小さめのクリアケースなどを活用するのもオーケーです。引き出しに元々備えつけられた仕切りが分厚すぎる場合は、潔く撤去。空き箱などを組み合わせて仕切り直すと、収納効率が一気にアップします。

★ **ガスコンロ下に調味料や食料品、**
シンク下に鍋などの調理器具を。

90

キッチンをかわいく飾りつける

基本の片づけのあとは、キッチンを飾る工夫をしてみましょう。

写真やポスターを飾るほか、食器棚のガラスに内側から好きな布を貼ったり、壁に素敵な柄のタイルを貼りつけたり。これまでキッチンを飾るという意識のなかった人ほど、ときめき効果は抜群です。あるお客様はキッチンにコルクボードを設置して、お子さんからもらったメッセージカードや季節に合ったモチーフを飾るコーナーにしたところ、お料理するのがグッと楽しくなったそうです。

キッチンで使うモノを少しずつときめくモノに買い替えるのもおすすめです。

たとえば私の場合、今までなんとなく使っていたプラスチックのフライ返しを木の持ち手のモノに買い替えて、ときめくキッチングッズの効果に目覚めました。

そのほか、菜箸でもお玉でも水滴を拭くふきんでも、毎日使う道具に一つでもこだわって選んだモノがあるだけで、お料理タイムが一気にときめきますよ。

キッチンを飾る

キッチンで使うモノを
少しずつときめくモノに替えていこう

スポンジを
カワイイ形の
モノにしてみたり♪

キッチンクロスを
ときめく柄に♪

コルクボード

ママ
だいすき

家族写真や
ポストカードなどを飾る

★ 毎日使う道具はこだわりを持って選ぶ。

91

食事タイムをときめかせる

キッチンの片づけが終わったあと、理想のキッチンに近づくために大事なのは、食事タイムのときめきです。あなたのおうちでは、料理や季節によってテーブルコーディネートは変えていますか？　食器をたくさんそろえて使い分けるのは大変そう、と思われがちですが、ランチョンマットや箸置きなどの小さなアイテムなら簡単です。

私がとくに意識しているのは箸置きの使い分け。手づくりしたモノも含め、数えてみたら一九セットありました。季節ごとに色や素材を使い分けるのはもちろん、おかずの色が足りないときの彩り用として食器のまわりに二、三個置いたりすると、一気に食卓が華やぐので重宝しています。

最近は、大根おろしアートといって、大根おろしを動物型にしてみたりして、食卓に遊び心を上手に取り入れている人も多いようです。ぜひ、自分なりのときめく食卓をつくる工夫をしてみてください。

★ 箸置きの使い分け一つで食事の時間が楽しくなる。

92

洗濯用品を片づける

洗濯用品の収納は洗濯機もしくは洗濯物を干す場所の近くが定番です。物干用品のかさばりとからまりを制するのが収納成功のコツ。洗濯ネットはたたみ、洗濯物を干すためのハンガーはそろえてファイルボックスにまとめるとスッキリします。

あるお客様は洗濯バサミがたくさんついたハンガーがからまないように手づくりの袋（エコバッグでも代用可）に入れていました。

ちなみに私は、洗濯用洗剤はパッケージをはがし、小さなリボンをちょこんとつけて、ときめき度をアップさせています。

93

掃除用品を片づける

ストックしすぎた掃除用品や使わない洗剤は、バザーに出したり、施設に寄贈したりするのも一つの手。これから掃除で使う場面を考えたときに、ときめくモノだけを残しましょう。収納するときは納戸などにまとめ、雑巾（雑巾として使う予定のタオルも含む）はたたんで立てて収納します。

掃除グッズの量と部屋のきれいさが比例するとはかぎりません。掃除用品こそ、使ってなんぼ。たとえば網戸掃除のグッズを未使用のまま持っているなら、今すぐ家じゅうの網戸を完璧に掃除して捨ててしまうのはいかがでしょう。

94

洗面所の収納を考える

洗面所の収納をつくるときは、まずはドライヤーや歯磨きスタンドなど、家族で共有しているモノの定位置から決めていきます。そのあとに、余ったスペースを家族ごとに分けて、それぞれの個別のモノを収納していくようにしましょう。

個人的に使うアイテムが多い場合、洗面所に収まりきらなければ自分の部屋に移動させるなどして、家族のスペースを侵略しないようにするのがマナーです。

注意したいのは、メイクアップ用品を洗面所に収納するケース。リキッドファンデーションなどの水っぽいモノは問題ないのですが、アイシャドウなどの粉モノやブラシなどは湿気や水気に弱いため、メイクアップ用品はできれば別の場所に収納するのが理想です。どうしてもスペースが洗面所しかない場合は、水滴がかからないよう、蛇口からなるべく離れた場所に収納したり、メイクをする場所だけでも変えてみるなど、工夫しましょう。

★ 水気はメイク用品の天敵である。

95

洗面所をときめく空間に変える

洗面所をときめく空間にするコツは、水滴を制することです。せっかく完璧な収納をつくっても、水まわりがびちゃびちゃだったり、水アカが発生したりしていたら、ときめき度は急降下。水滴専用の小さなタオルを置くなどして、飛び散った水滴は使うたびにすぐに拭き取りましょう。あるお客様は、洗面所にフックをつけて歯磨き用のコップを引っかけられるようにして、水アカの原因をなくす工夫をしていました。

洗面所の鏡の前に立ったとき、鏡に映る風景もじつは大事なポイントです。

鏡には映したモノのエネルギーを増幅させる性質があるため、できるかぎりきれいな風景が映り込むようにするのがポイントです。ごちゃついた収納が映るなら、カバーをかけたり、収納の箱をそろえたりして見た目を整えましょう。

鏡に映る壁に美しい絵や写真（湿気で弱らないようフレームに入れる）を飾ると、鏡を見るたびにうっとりするようなときめきが味わえるのでおすすめです。

★ 洗面所の鏡に映る風景に細心の注意を払う。

96 シャンプーなどのストック品を片づける

トイレットペーパーやティッシュ、シャンプーなどのストック品も、「片づけ祭り」のこの機会にあらためて一つひとつ見直してみましょう。

古すぎて劣化していたり、規格外になっていたりして（昔使っていたカメラのフィルムなど）使えなくなってしまっていたモノは、せつないけれど処分。

ストック品は捨てずに使いきるのが理想ですが、あまりに数が多い場合はリサイクルショップに持ち込んだり、寄贈したりして、手放す方法ももちろんアリです。

ストック品の管理のポイントは、数を明確にすること。一つ使いきるのに何日かかるのか、今のストック分でどれくらいもつのかを数値化してみましょう。一年分どころか、五、六年分以上余裕で持っている……なんてレベルまできていたら、いっそのことネタにしてしまうのもアリ。ストックの山を写真に撮って友だちに見せるもよし、「片づけ祭り」の武勇伝にするもよし。積極的に楽しみながら片づけを進めましょう。

★ 使えなくなってしまったモノは
迷わず処分でオーケー。

97

同じカテゴリーを集める

小物収納のコツは、同じカテゴリーのモノを集めて収納することです。これまで一般的な小物をカテゴリーごとにご案内してきたので、その分類の仕方をそのままご活用ください。

基本のカテゴリー以外にも「キャラクターグッズ」や「楽器」「はぎれ」など、あなた特有のカテゴリーができあがっているモノがあれば、それを一つのカテゴリーとして扱います。

たためるモノはたたんでカサを減らし、引き出しの中で立てられるモノは立てて、今ある収納の空間を最大限に生かしましょう。

98

連想ゲームをする

小物の収納場所を決める二つめのコツは「連想ゲーム」。たとえば、コード類の定位置を決めたら、近くには同じく「電気系」のパソコン、パソコンを毎日使う方であればその隣に「毎日持ち歩くモノ」というふうに、自分なりに性質が近いと感じるモノ同士を近くに収納していくのです。

モノは、グラデーションのように少しずつ性質が重なり合いながら存在しています。その重なった部分をつなげるようにして収納をつくっていくことは、おうちの中にきれいな虹をつくるようなもの。楽しみながら収納をつくってくださいね。

99 備えつけ収納を活用する

小物収納の三つめのコツは、備えつけの収納をどれだけ有効活用できるかです。

収納をつくるときは、押し入れやクロゼットや納戸などの備えつけの収納スペースから埋めていき、奥行きに合った引き出しラックなどを活用して、空間を最大限に活用しましょう。ポイントは、クリアケースやおふとん、スーツケースなど体積が大きいモノから入れていくこと。

備えつけの収納に、それまで外に出ていたクリアケースを収められたり、カラーボックスなどの家具を収納できたりすれば、しめたものです。

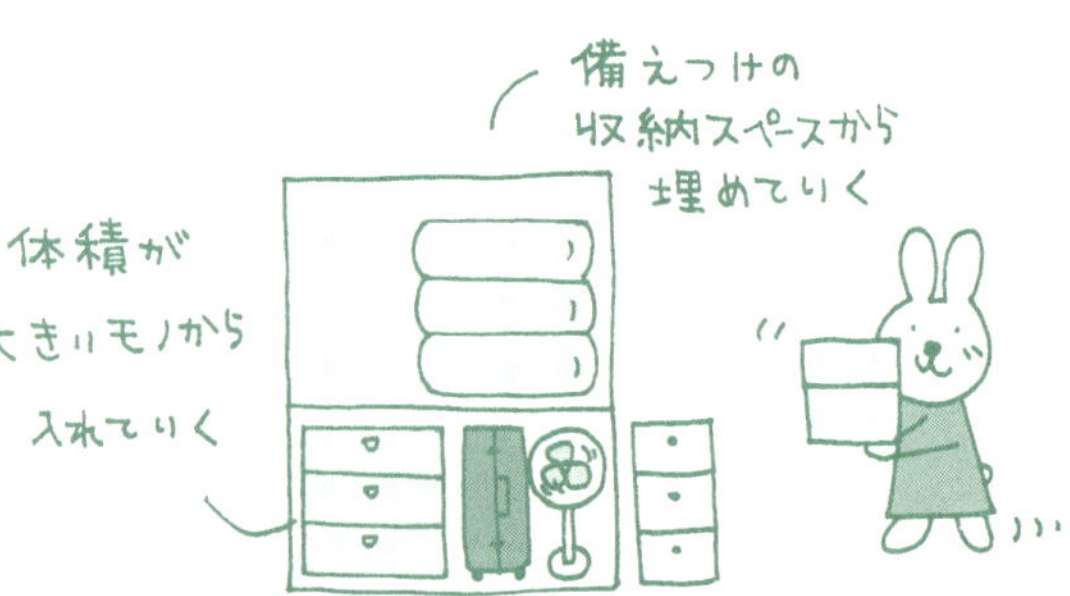

下着を洗面所に収納してはいけない

ひょっとして、下着を洗面所に収納していませんか？

もしあなたが、すでにご結婚をされていたり、男性だったりする場合はセーフ。そうでなかったら、ちょっとだけ注意が必要かもしれません。

あくまでも私の経験則なのですが、「恋愛運をアップさせたい、でもなかなか……」とおっしゃる女性のお客様に、下着を洗面所に収納されている方が多いような気がするのです。

本来、下着は「秘める」モノ。そして、下着は着ける人自身を映すモノです。

「秘すれば花」という言葉がありますが、公共の場である洗面所に収納することで、「あけっぴろげ感」が下着に染み込んで、女性に必須の「秘めやかさ」を着ける人から奪ってしまうのかもしれません。

下着はできるかぎりクロゼットやタンスなど、自分だけで管理できる場所に収納するのがおすすめです。もちろん、おブラ様はVIP待遇で。ピンときた方はぜひ、収納場所を変えてみてくださいね。

100 収納にときめきをプラスする四つのポイント

あなたのクロゼットや押し入れ、引き出しの中は、「開けてもときめく」状態になっていますか？　片づけ中に出てきた「ときめくけれど使い道がない」小物たちを使って、収納の中にときめきをプラスしていきましょう。

小物の飾り方は「置く」「かける」「貼る」「包む」の四パターンがあります。

「置く」は文字通り、そのまま置いて飾る方法です。ミニチュアやフィギアなどはもちろん、ボタンやアクセサリーのパーツなどなんでも応用可能です。

ポイントは、まとめること。こまごまとした小物は小皿やビンやカゴに入れてまとめたり、トレーや敷物を敷いて「舞台」をつくるようにすると、小物の魅力がキラッと引き立ちます。もちろん見た目もスッキリ、掃除もラクラクです。

「かける」というのは、古い携帯ストラップ、キーホルダー、モチーフつきのヘアゴムなどを引っかけて飾る方法です。洋服がかかっているハンガーの首の部分のほか、壁かけフックの根元やカーテンレールの端など、「引っかけられそう」な場所を探してみましょう。

「貼る」のポイントは、収納スペースの内側です。ポスターをクロゼットの中に、はぎれ布を引き出しの底板に、ポストカードをクリアケースの手前側に。布でも紙でも、ときめくモノで貼れるモノがあればとにかく貼ってみましょう。好きな切り抜きやポストカードを集結させてつくった「オリジナルときめきボード」をつくるのも素敵ですね。

そして、最後は「包む」です。手ぬぐいやエコバッグ、柄はときめくけれど着ない服など、布っぽいモノであれば、何でも使えます。

長さが余ってからまりそうなコードを集めてケーブルカバーにしたり、季節外の電化製品のホコリよけにしたり。外から見えなくしたいモノをときめく布でクルリとくるめば、あっという間にときめく見た目に変身です。

こんなふうに、今あるモノを工夫して飾るだけでも、おうちのときめき度はグンとアップしていくのですから、試さない手はありませんね。

★ 今あるモノを工夫して飾るだけで
おうちのときめき度はアップする。

収納にときめきを
プラスするポイント①置く

小物を
ビンの中に
入れて置く

ときめく小物を
集めてまとめて
カゴに

引き出しの中に
ときめく小物を置く

敷物で仕切り
小物たちの
舞台をつくる

収納にときめきをプラスするポイント② かける

カーテンにかける

モチーフつきのヘアゴムをハンガーにかける

ドアノブにタッセルをかける

クロゼットにキラキラした小物をかける

収納にときめきを プラスするポイント③貼る

オリジナルのときめきボードを
つくって貼る

クリアボックスの
手前に貼る

押し入れやクロゼットの壁に
大好きなアイドルの
ポスターを貼る

収納にときめきを
プラスするポイント④包む

ときめくけど
着ない服を
ほこりよけに

まとまらないコードを
お気に入りの布で包む

必要な長さに
まとめる

布で包んで結ぶ

結び目を下にする

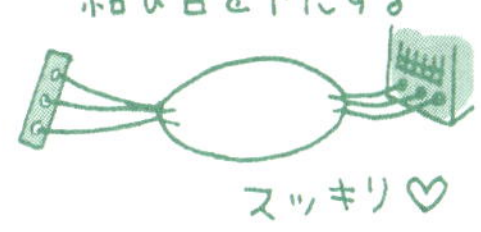

column

ときめかないエッセンスをなくす

今あるモノを使って「ときめきエッセンス」をプラスするのと同じくらい、「ときめかないエッセンス」をきちんとなくしていくことも大事です。

たとえば、オーディオ機器の液晶画面に貼られたままの薄い膜のような保護カバーや、プレゼントでもらったプリザーブドフラワーにラッピングとしてかけられたままのパリパリのセロファン。

ときめくわけではないけれど、なんとなくついているそれらのモノは、いわば「余計なお世話カバー」です。

そして、炊飯器に貼られたシールの「圧力！」の筆文字や、押し入れの段ボールの「〇〇引越し社」、綿棒のフィルムにデカデカと書かれた「めんぼう」の文字。こうした文字情報が多ければ多いほど、おうちの中にはザワザワ感が生じてしまいます。

これらの「ときめかないエッセンス」をなくしていくだけで、おうちの中は一気にスッキリ、効果は絶大です。ときめきを極めたいなら、ぜひお試しください。

結局、捨てられない原因を突き詰めていくと、
じつは二つしかありません。
それは「過去に対する執着」と「未来に対する不安」。
この二つだけです。

今からでもけっして遅くはありません。
片づけは、決意したそのときが、
過去に片をつけ、未来へと一歩を踏み出す
人生の再スタートなのです。

第六章

思い出品は こうして片づける

101

思い出品を片づけて、過去に片をつける

いよいよ「片づけ祭り」の最終章、思い出品の片づけです。

思い出品を片づけるうえで一番大事なのは、「自分のときめきを信じる」こと。

何を今さらといった感じですが、あらためてこれをお伝えしたのは、あなたのときめきの判断力はこれまでとレベルが違うからです。

洋服、本、書類、そして膨大な数の小物と、正しい順番でこれまで片づけを頑張ってきたのであれば、あなたのときめき感度はもう充分に磨かれているはずです。

だから、思い出品からあとはリラックスして片づけを進めていけばだいじょうぶ。

ここからは思い出品を片づけるときのポイントをいくつかご紹介しておきます。

まず、思い出品を片づけるときに絶対にしてはいけないこと。

それは「丸ごと実家に送る」ことです。

白状すると、私も以前は「実家の部屋が余っているなら、思い出品を送ってもオー

ケー」と思っていた時期もありました。

けれど実際に、思い出品を送られた側の実家の片づけを手伝ってみると、その大量の段ボールのおかげで片づけが進まないことといったら！　何より、実家に思い出品を送ったら最後、その箱が開かれることはほぼないようでした。

そしてもう一つは、捨てられないなら堂々ととっておくこと。たとえば、高校生の学園祭でつくったクラスTシャツが捨てられないなら、それでオーケー。「私はこんなものも捨てられない」のではなく、膨大な数の、残すか捨てるかの判断をしてきた自分の判断を信じてよいのです。今の時点できちんとモノと向き合っておけば、別の機会に必ず「もう自分にとってはお役目終了だな」と感じられる日が来るからです。

そして最後のポイントは、残すモノはきちんと未来に生かすこと。

せっかくときめく思い出品を選んだのなら、「いつでも振り返られる状態でとっておく」ことが重要です。

「この思い出品は、未来の自分をときめかせるのに必要か」。そんな基準で、一つひとつのモノと向き合いながら、過去の自分に片をつけていきましょう。

★ あなたのときめきレベルは自分史上最強といっていい。

102

学校の思い出を片づける

学生時代に誰もがもらうモノといえば、通信簿や卒業証書。思い出にとっておきたいなら、通信簿は印象的な一枚だけ残しておく、というのも一つの手。卒業証書は、筒がかさばるので中身を一本にまとめてしまう方法が定番です。ちなみに私は、両方とも感謝をこめて処分させていただきました。

昔の制服が捨てられないなら、いっそのこと一度着てみて、青春の思い出にどっぷりひたってみるのはいかがでしょう（ほとんどの場合、我に返ってあっさり捨てるケースが多いです）。

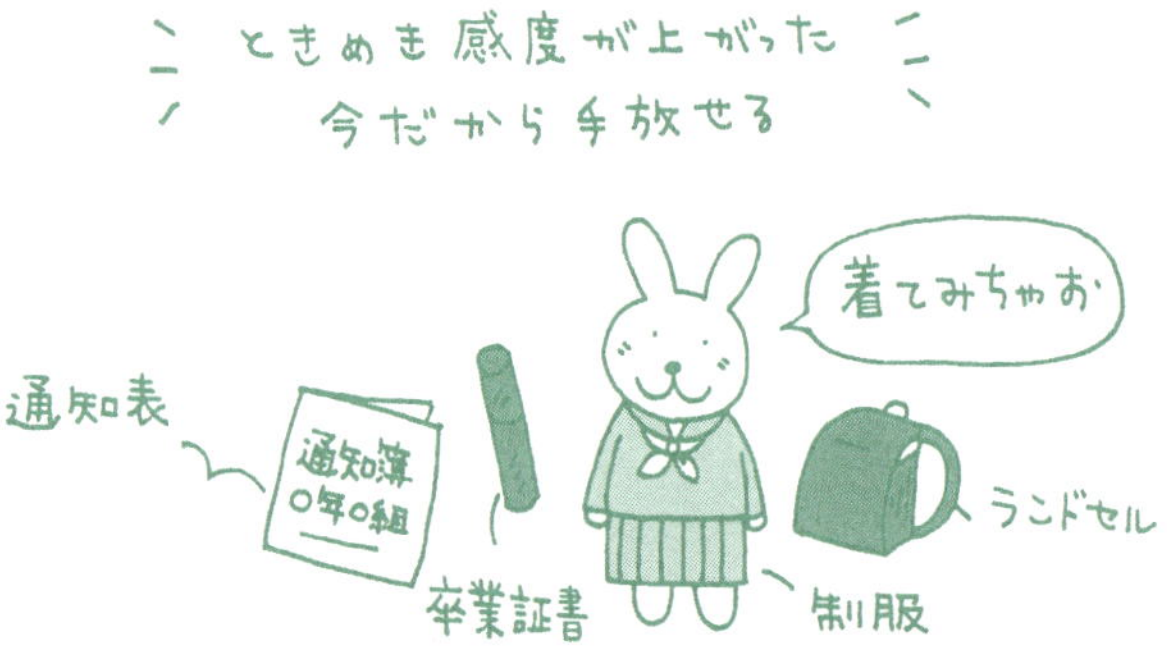
ときめき感度が上がった
今だから手放せる
着てみちゃお
通知表
通知簿
○年○組
卒業証書
制服
ランドセル

103

恋人の思い出を片づける

もらったプレゼントやおそろいの服、懐かしのプリクラなどなど。新しいご縁を望むのであれば、基本的には潔く処分するのがおすすめです。

ただし、本人がまったく気にせず、長らく日常的に使っていたり、すでに思い出もまったく意識しなくなっていたりするようなモノであれば、捨てずにそのままでもかまいません。

どんな思い出があったとしても、モノには八つ当たりせず、「素敵な思い出をありがとう」と感謝の気持ちを持ってお別れをしましょう。捨てるときに粗塩をいっしょに入れるとスッキリします。

モノには八つ当たりせず
感謝してお別れを

昔の恋人から
もらったモノ

写真やプリクラ

104 思い出の録画を片づける

テレビ番組を録画したり、行事で撮影したりした、思い出のビデオテープたち。やっかいなのは、ラベルが貼っていないモノのときめきチェック。

中身を確認するなら、はじめの部分だけを見て判断するのが基本です。量が多い場合は、時間を決めて一気にスピーディーに確認していきましょう（中身を見ずに思いきって処分、というのも個人的には大賛成です）。

残したビデオはＤＶＤやハードディスクなどにデータを移すと、収納がグッとラクになるのでおすすめです。

105

子どもの作品を片づける

写真に撮ってから処分する、残すモノの数を決めて管理するなどの方法がありますが、今の時点でどうしても捨てられないモノは、無理に捨てる必要はありません。

ただし、残すならきちんと「大切にしている」状態であることが重要です。

おすすめは、作品を飾るコーナーを明確に区切ってつくること。その作品を「味わいつくした」と感じられるようになると、「子どもを成長させてくれてありがとう」と、すんなり感謝とともに手放せるようになります。

106

人生の記録を片づける

旅行の半券などの思い出品を残すなら、スクラップブックなどにまとめて必ず、「いつでも思い出を振り返られる」状態で。

スケジュール帳は、「最高にときめく年」と思える一冊だけ残す、というのもアリです。

日記の場合、ここまで来たらパラパラ読みながら選んでもだいじょうぶ。「こんな日もあったなぁ」と昔の思い出にひたりつつ、今でもときめくモノだけ残しましょう。あるお客様がされていた「自分が亡くなったあと、見られたら恥ずかしい日記は捨てる」という基準もいいですね。

107

手紙を片づける

これまでもらった手紙を、あらためて一つひとつ見直してみましょう。お役目が終了していると感じた手紙は、感謝をこめて処分。ゴミ袋に直接入れるより、紙袋など透けない袋にいったん入れてから捨てるほうがていねいです。

今あらためて読んでも自分を励ましてくれる手紙や、心が温かくなるような手紙は、ぜひ大事にとっておいてください。紙は長い間とっておくと劣化が心配です。風通しがよい入れ物や、湿気の少ない場所に定位置をつくりましょう。手紙箱として、お気に入りの箱を用意するのも素敵ですね。

108

「片づけ祭り」の総仕上げに、写真を片づける

写真も基本通り一枚一枚手にとって、ときめくモノだけ残していきます。アルバムの中の写真も全部出してしまうのが原則ですが、すでにときめく一冊として完成しているアルバムでしたら、その必要はありません。

たとえ写真が段ボール二箱分あったとしても、ひるまないこと。あなたの今のときめき感度なら、びっくりするほどスピーディーに残すモノを選べるはずです。

同じような写真や、見てもピンとこない風景写真などは潔く処分。ネガは全捨てが基本です。あるお客様は「自分の写りのいい写真だけ残す」と断言していましたが、これはある意味、正しい基準です。おすすめなのは、残す写真を選びながら、年代別に写真を床に並べていく方法。自分の歴史が整理されて、楽しくなります。

写真のときめきチェックの仕上げに、ときめくアルバムにまとめる作業は必須です。いつでも振り返られる状態にしてこそ、思い出として生かすことができるのです。

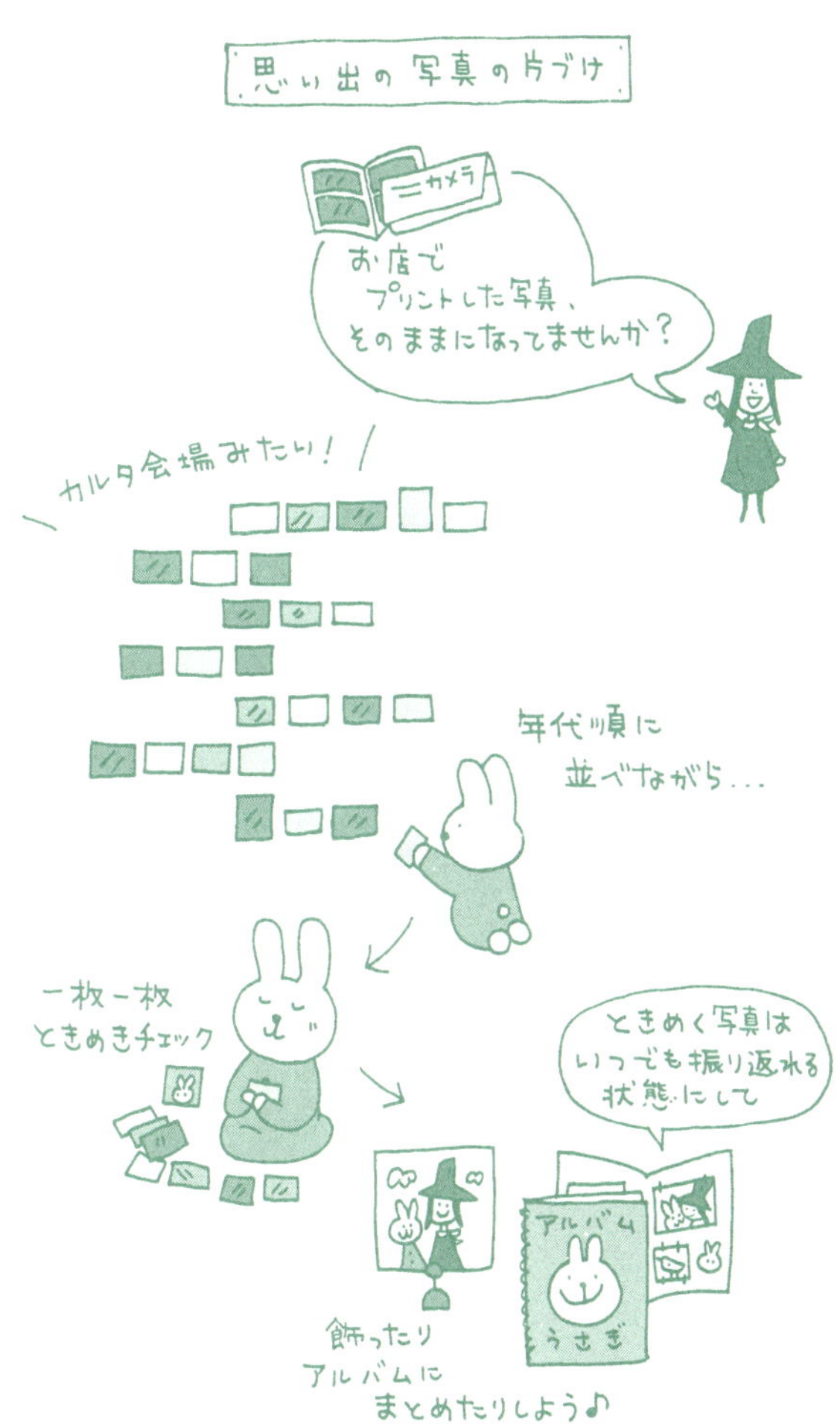

★ **写真を一枚一枚、見ることで**
人生に片をつけることができる。

おうちも、モノも、あなたの大切なパートナーです。

エピローグ

人生の次の準備

「『片づけ祭り』のやり方は知っていました。けれど大変そうだなあと思って、やらずにいたんです」

「意を決して『片づけ祭り』を実践してみたら、予想以上に大変でした。モノは多いし、仕事も忙しくて。丸一年、休みはひたすら片づけばっかり」

「それが先日、ついに終わりを迎えました。ときめく写真をアルバムに入れて、未処理のモノの処理も一気に終わらせて」

「生まれ変わった気分です。お部屋のどこを見てもときめくモノしかありません。すべてのモノが愛(いと)おしくて、『ありがとう』の気持ちでいっぱいです！」

　こんなうれしいお便りが私の元に届くたび、私はその人の未来に思いを馳(は)せます。その人はきっと、素敵になったお部屋でていねいに暮らして、やめたいと思っていた習慣をすっぱりやめる。次にやりたいことが明確になって、そのためにやるべきことをしっかり実践していける。

　そんなふうに、片づけを終えた人が、次のステージへとぐんぐん進んでいけるイメージが自然と湧いてくるのです。

「片づける」ということは、イコール、「これまでの人生に片をつけ、人生の次の準備をする」こと。

つまり、今のステージに片をつけることで、人生の次のステージが訪れるのです。

私自身、モノの片づけが終わった学生時代以降は、節目を迎えるたびに、自分の何かに「片をつけてきた」ように思います。

じつは二〇一四年の春に結婚をしました。自分の家庭というものを持つようになって、あらためて気づけたことがたくさんあります。

たとえば、育った家庭ごとに暗黙のルールは違うということ。自分があたりまえにしていた収納方法も、一つずつきちんと説明して共有しなければならないということ。あたりまえですが、一人暮らしをしていた頃は、自分のモノがあるだけの生活だったのが、今度は夫のモノもいっしょの空間にあるのです。

これまで自分のモノは充分に大切にしてきた自覚はあるけれど、これからは夫のモノも大切にできるようになりたい。

そう思って、先日、夫婦でいっしょに片づけをしました。といっても、私は仕事柄、もともとモノは少なく、夫にいたっては、引っ越しで運び入れた荷物が段ボール四箱で収まるほどコンパクトだったので、「片づけ祭り」をするほどではありません。いっしょにしたのは、服のたたみ方と収納レッスンです。

アイテムごとにたたみ方をレクチャーし、おなじみの「たたんで立てる収納」と「右肩上がりの収納」を説明しながら、ワイワイいいながら、いっしょに実践。

片づけは、個人がそれぞれ別々に進めるべき、というのが私のモットーでしたが、こんなふうに家族といっしょにモノと触れ合える時間も悪くないなあ、と思いました。片づけることで、モノとおうちと、そして自分と家族と、それらの関係が不思議と濃密になるのを実感したのです。

モノと人との関係、ということをあらためて考えていくと、古来、日本人はモノを大切にしてきました。「やおよろずの神」という言葉があるように、海や山などの自然だけでなく、かまどやお米のひと粒にも神様が宿っていると考えて敬意を払っていたこと。また、江戸時代の日本には、あらゆるモノを使いきるためのリサイクルのシステムが整っていたという話も聞いたことがあります。

日本人のＤＮＡには、もともと「モノに心が宿っている」ということが感覚として刻まれている気がしてなりません。

「モノに宿っている心」には三つの側面があります。それは「モノの素材」「モノをつくった人」「モノを使う人」それぞれの心です。

なかでも、モノの個性として強烈に表れるのは「モノをつくった人」の心です。たとえば、この本もモノです。ひと言でいえば、紙です。でも、ただの紙ではありません。私の気持ちが乗り移った紙です。

だからこの本には、「とにかく片づけを実践してほしい」「一人でも多くの人が、ときめく人生を歩むための役に立ちたい」という私の心が、たとえページを閉じていてもプンプンと漂っているはずなのです。

それでもモノの持つ空気感は、結局は「モノを使う人」の思いと接し方によって決まるのだと思います。

つまり、この本を活用するか、積ん読のまま置いておくか。扱い方しだいで、この本の輝きや存在感も変わってくるのです。

これは、この本にかぎったことではありません。あなたの持つすべてのモノの価値は、あなたの心によって決まるのです。


私が最近、片づけ現場で思い浮かべるキーワードの一つに「もののあわれ」という言葉があります。この言葉は、自然や芸術、誰かの人生に触発されて起こるしみじみとした深い情感、という意味のほか、ものごとの本質、その本質を感じる心、という意味もあります。

片づけが進むたび、お客様の口から出る言葉や表情が、どんどん奥深く「もののあわれ」を感じるように変化していくのを感じるのです。

たとえば、長年愛用してきた自転車を大事そうに眺めながら、「この子は私の相棒なんだ、ということに気がつきました」といっていたお客様や、「最近、ふだん使っている菜箸さえもかわいくてたまらないんです」と微笑むお客様。モノに対する感情の変化以外にも、季節の移り変わりを体でゆっくり感じられるようになったり、自分にも家族にも前よりずっとやさしくなれたり。

片づけをして、自分とモノとのつながりを強くしていくたびに、私たちは、自分をとりまくすべてに対して、「もののあわれ」を思う、きめ細かな感受性を思い出せるのではないでしょうか。

それは、私たちが本来持っている、モノを大切にする心や、モノと支え合う気持ちを思い出すということです。

もし今、あなたが、日々心になんとなく感じている不安があるのなら、私はやっぱり、片づけをすることをおすすめします。

モノを一つひとつ手にとって、ときめくかどうか自分に聞いてみてください。

残したときめくモノを、自分と同じように大切にしてみてください。

あなたの毎日が、ときめきでいっぱいになって満たされますように。

おわりに

もうこれで、片づけの本は終わりにしよう。

そう思って書いたのが、この『イラストでときめく片づけの魔法』です。

思えば、一冊目の『人生がときめく片づけの魔法』を書いたときも、『人生がときめく片づけの魔法2』を書いたときも、「これが私が書く、最後の片づけ本」と心に決めて書いていました。

片づけにおいて一番大事な考え方の基本は、『人生がときめく片づけの魔法』に書き尽くしました。そして、一冊目の反響をもとに、よく質問される項目に対して答える形で書いた本が『人生がときめく片づけの魔法2』。三冊目に出版した『毎日がときめく片づけの魔法』は、「片づけ祭り」というよりも、日常を今よりもう少しときめかせるためのヒントを中心に書きました。

片づけについて自分のいいたかったことは、もう全部書いてしまったかも……。

なんとなく、そんな気持ちでいたのです。だから、今回の本の企画を編集者の方から提案していただいたとき、はじめは「読者の方に求められる本なのだろうか……?」という気持ちが、正直少しありました。

けれど、実際に本をつくりはじめたらなんのその。

これまでは、読み物的な要素の強い私の本でしたが、「片づけ事典」のように使える実用的な本、という観点からいうと、じつは一番親切な本に仕上がっているのではないかと思っています。長々とした私の話はいいから、片づけで必要なところだけ教えてほしい、という方には、この本一冊だけでも事足りるはずです。

片づけの本はこの本で終わり、といっても、片づけに関する発信をやめるわけではありません。とにかく私は、片づけをしたいと思っている人には、絶対に「片づけ祭り」を実践してやりきっていただきたいと鼻息荒く思っていますし(この片づけに関するおせっかい根性は何なんだろう、と自分でも不思議に思うことがあります……)、読者の方々からのリクエストがあれば、また違った視点での本も、ぜひとも書きたいと思っています。

一五歳のときに始まった私の片づけ遍歴。
本を書く前は、片づけの個人レッスンをひたすらやって、人生、最後まで行くと思っていたのですが、気がついたら片づけのアプローチもそれなりに変化していました。いつのまにかお弟子さんは二人に増えました。全国の人が片づけの講座やレッスンが受けられるように、片づけコンサルタントを育てるための「日本ときめき片づけ協会」という協会も立ち上げました。

そして、ありがたいことに、海外でも拙著が注目されるようになりました。『人生がときめく片づけの魔法』は現在、アメリカ、イギリス、ドイツ、イタリア、韓国、台湾、中国で翻訳出版されています。これから刊行される国を含めると、計二四か国での翻訳出版が確定していて、本当にうれしく思います。片づけに夢中になった私が紆余曲折(うよきょくせつ)のはてに編み出した片づけ法が、海を越えて「The KonMari Method」として広がりはじめた現実は、私の想像をはるかに超えるものとなりました。アメリカのニューヨークタイムズ紙に取り上げていただいたり、海外からも続々と感想が届いたりと、私自身、びっくりしています。今後はこの「こんまり流」の片づけを広げるべく、海外の片づけ調査にも行きたいと思っています。

本文にもちらりと書いてしまいましたが、結婚をしたことも大きな変化の一つです。家事ができすぎる夫のおかげで、ますます仕事に打ち込める時間が多くなり、「片づけのヘンタイ」としてはうれしい悲鳴をあげる毎日です。

この本を書くにあたって、本当にたくさんの方のご協力・ご支援をいただいたことに、この場を借りて心から感謝をいたします。

そしてこの本を手にとってくださったあなたにも、心からの感謝を伝えさせてください。本当にありがとうございました。

近藤麻理恵（こんまり）

近藤麻理恵　konmari

片づけコンサルタント。床が見えないゴミ部屋をホテルのスイートルームのように劇的に変える「片づけのプロ」として活躍。これまで個人レッスンを通じて、のべ100万個以上のモノを「生徒さん」に捨ててもらった実績を持つ。幼稚園年長から「ESSE」や「オレンジページ」等の主婦雑誌を愛読。掃除・片づけ・料理・裁縫などの家事をこよなく愛し、「花嫁修業」的な小学生時代を送る。中学３年のとき、ベストセラー『「捨てる！」技術』を読んで開眼、本格的に片づけ研究を始める。大学２年のとき、コンサルティング業務を開始、「こんまり流ときめき整理収納法」を編み出す。「一度習えば、二度と散らからない」ことが評判となり、口コミだけで顧客を広げ、卒業生のリバウンド率ゼロが話題に。2011年、初めて書いた本『人生がときめく片づけの魔法』がミリオンセラーとなる。同書は現在、海外24か国で刊行が決定。ニューヨークタイムズ紙から取材を受けるなど、海外のメディアからも注目を集めている。著書に、シリーズ続刊『人生がときめく片づけの魔法２』『毎日がときめく片づけの魔法』がある。

- こんまりのときめき片づけDays　http://ameblo.jp/konmari/
- 近藤麻理恵official website　http://konmari.com/
- こんまり片づけレッスン　http://konmari.okwave.jp/

イラストでときめく片づけの魔法

2015年1月5日　初版印刷
2015年1月10日　初版発行

著　　者　近藤麻理恵
発 行 人　植木宣隆
発 行 所　株式会社サンマーク出版
〒169-0075 東京都新宿区高田馬場2-16-11
電話　03-5272-3166
印　　刷　中央精版印刷株式会社
製　　本　株式会社若林製本工場

定価はカバー、帯に表示してあります。落丁、乱丁本はお取り替えいたします。
ISBN978-4-7631-3427-1　C0030
ホームページ　http://www.sunmark.co.jp
携帯サイト　http://www.sunmark.jp

近藤麻理恵の本

人生がときめく片づけの魔法

●四六判並製　定価＝本体1400円+税

＊電子版はKindle、楽天〈kobo〉、またはiPhoneアプリ（サンマークブックス、iBooks等）で購読できます。

人生がときめく片づけの魔法2

●四六判並製　定価＝本体1400円+税

＊電子版はKindle、楽天〈kobo〉、またはiPhoneアプリ（サンマークブックス、iBooks等）で購読できます。

毎日がときめく片づけの魔法

●四六判上製　定価＝本体1600円+税

＊電子版はKindle、楽天〈kobo〉で購読できます。

近藤麻理恵の電子書籍アプリ

動画付き 人生がときめく片づけの魔法

たたみ方や収納法の動画や、著者インタビュー動画も収録した、動画付き電子書籍。

（収録動画は全23点、合計38分24秒）　●定価＝800円（税込み）

＊電子書籍はiPhone&iPadで購読できます。App Storeで「サンマーク」と検索してください。

＊『人生がときめく片づけの魔法』の書籍の内容も入っています。